两轮摩托车越野运动驾驶技术

◎张君渝　著

人民体育出版社

图书在版编目（CIP）数据

两轮摩托车越野运动驾驶技术 / 张君渝著. –– 北京:
人民体育出版社, 2021

ISBN 978-7-5009-6065-2

Ⅰ.①两… Ⅱ.①张… Ⅲ.①摩托车运动－驾驶术
Ⅳ.①G872.2

中国版本图书馆CIP数据核字(2021)第156262号

*

人民体育出版社出版发行
三河兴达印务有限公司印刷
新 华 书 店 经 销
*

880×1230　32开本　8.5印张　200千字
2021年11月第1版　　2021年11月第1次印刷
印数：1—4,000册
*

ISBN 978-7-5009-6065-2
定价：35.00元

社址：北京市东城区体育馆路8号（天坛公园东门）
电话：67151482（发行部）　　邮编：100061
传真：67151483　　　　　　　邮购：67118491
网址：www.sportspublish.cn
（购买本社图书，如遇有缺损页可与邮购部联系）

中国摩托运动协会推荐使用教材

摩托车越野运动驾驶训练大纲

张君渝

二〇一四年六月

此为作者写作的被中国摩托运动协会作为推荐使用教材的
《摩托车越野运动驾驶训练大纲》一书的封面

序

在2014年写出《摩托车越野运动驾驶训练大纲》后，承蒙国家体育总局汽车摩托车运动管理中心、中国摩托运动协会等领导的认可和支持，并以中国摩托运动协会的名义写了前言，在其官网发表，又印刷成册向全国摩托运动界推荐，在此表示衷心的感谢！

之后将原《摩托车越野运动驾驶训练大纲》更名为《两轮摩托车场地越野运动驾驶训练大纲》。除运动项目名称更为准确外，在内容上给予了充实，并做了一些修改与调整。其后又写出了《解析举足轻重的两轮摩托车场地越野运动驾驶姿势》《不可或缺的两轮摩托车场地越野运动的衔接技术》《两轮摩托车场地越野运动的跳跃技术》《两轮摩托车场地越野运动的弯道技术》4篇文章，连同经修订的《两轮摩托车场地越野运动驾驶训练大纲》共5篇。

为便于教练的教学和车手的学练，选择及浓缩了以上5篇文章的某些主要内容，以一目了然、层次清晰的图示，简编写成《两轮摩托车场地越野运动的基本障碍种类》《两轮摩托车场地越野运动的基本技术种类》《静态下建立两轮摩托车场地越野运动的驾驶姿势》《在静态下对两轮摩托车场地越野运动驾驶姿势的检验》《两轮摩托车场地越野运动驾驶姿势的意义》《两轮摩托车场地越野运动驾驶姿势与基本技术的关联》《两轮摩托车场地越野运动弯道技术动作要领》《两轮摩托车场地越野运动跳跃技术动作要领》《两轮摩托车场地越野运动的衔接技术》，共9篇。另外以同样图示形式增写了《两轮摩托车场地越野运动的身体素质及心智力》和《两轮摩托车场地越野运动的训练体系纲要》两篇新内容，共11篇。

另有一篇《试论摩托车赛前的心理准备》文章，刊登于1988年第二期北京体育学院（现更名为北京体育大学）学报上。原附在《摩托车越野训练大纲》中的《两轮摩托车越野运动的项目特征及其相应的训练特点》图表，现更名为《两轮摩托车场地越野运动项目特征及其相应的训练特点》，从原文中剥离出来，放入图示系列中。

以上总共6篇文章、12篇图示，企盼能为本运动项目的管理者提供建议；为教练员在运动技术和训练方法上提供可供选择的教材；为车手的训练和比赛实践提供指导；为学术研究和理论工作者提供参考资料；为两轮摩托车越野运动爱好者观看比赛提供指南。

自知才疏学浅，难免在文章中出现片面的认识和偏差的观点。殷切期待与业内外人士研讨取得共识。

张君渝

2021年5月

目　录

第一节 两轮摩托车场地越野运动驾驶训练大纲

一、场地越野

驾驶专用或竞赛的两轮越野摩托车在封闭的环形场地中，进行连续不断的通跃障碍的运动。

长0.8～2公里，宽6米以上的多种路面不同质地的赛道。

赛道上分布不同种类，数十个自然形成或人工堆建的障碍。

多达30辆赛车在发车架倒下后，齐发不分跑道的一项竞赛。

以竞速10分钟、15分钟或以上时间加2圈的方法计算成绩。

二、训练目标

主要针对初、中级车手，身高通常在1.65～1.78米范围内。

对摩托车场地越野运动的概念有一定认识。

能初步掌握摩托车场地越野运动所有基本技术动作。

车手有通过所有障碍，安全顺利地完成比赛的能力。

三、训练条件

A 使用专用或竞赛用两轮越野摩托车。

B 需具备全套越野摩托专业并经授权的国际、国内机构认证的护具（头盔、风镜、护颈、盔甲、手套、摩托靴等）。

C 供训练用的摩托车越野场地。

D 必须有教练员指导，尤其在练习高难障碍时。

E 训练应配备医生、救护车及急救用的器械、药品、担架等。

四、训练内容

专业车手需要进行综合性的驾驶训练、战术训练、心理训练、身体训练、实操保养车辆训练等。此大纲只针对驾驶训练，其他训练不做阐述。

五、训练课时

驾驶时间称为摩托小时（指骑在车上的实际运动驾驶时间）。

（一）周计划

驾驶训练3～4课。

保养训练3～4课。

身体训练2～3课。

理论学习每月1课（内容：运动训练、战术、心理、车辆保养）。

（二）课时计划

日：1.5～2摩托小时。

周：4.5～6摩托小时。

月：15～24摩托小时。

年：120～150摩托小时（冬季和节假日减少或无训练）。

六、基本障碍

国内外有级别的正式比赛通常所具有的障碍。

两轮摩托车场地越野运动可分为两类7种基本障碍。

（一）路面质地障碍类

A 土质与沙质适当比例的混合路面。

B 泥泞与浅水塘或其混合路面。

（二）地形障碍类

A 弯道：含盖不同方向的左右弯、不等半径的弧度弯、长短不一的弧线弯等。

B 车辙沟：有浅与深之别、直与弯之分。

C 跳坎：包括单坎①、双连坎、多连坎等和平台以及它们之

①文章中所有的"坎"字，字义本是坑。因业内几十年约定俗成，习惯称可跳跃的土堆或矮丘为坎，沿用至今。本人也沿用坎字作为土堆和矮丘的代名词。

间多种不同混搭的组合联跳。

　　D 上下坡：由长短不一和坡度不等的坡面组成，可采用坐或跳的方式通跃。

　　E 起伏路：无规律（自然）的凸凹形状、间距、高低；规律的和无规律的（人造）地形、坎形状、间距、高低的坎障碍，可以通或跃完成。

七、驾驶训练

　　首先要建立起驾驶姿势的定位，然后再进行基本驾驶姿势和基本技术兼容的训练内容。

（一）基本驾驶姿势

　　有坐姿、蹲姿两种。无论是以坐姿还是以蹲姿通过所有不同种类障碍时，其各自驾驶的形态都是相似的，表明姿势的模式化。

　　驾驶姿势是通过所有障碍起始阶段动作技术的源头，模式化的驾驶姿势有其重要的基础性服务功能：为通过所有障碍的开始阶段，奠定做出规范技术动作的必要条件；驾姿的建立就是重心的确立；促进障碍之间的高效衔接；明显节省体能；增强通过障碍的安全性等。

　　每位车手都应建立自己坐姿和蹲姿的定位，驾驶姿势需要预先在静态下定位：运动中它主要由人体与车接触点的支撑力、接触点具体位置的助力、相关关节角度及其部位的辅力的共同作用定位。

1. 坐姿的建立（图1-1）

坐姿有5处人与车的接触点：双手臂握车把，臀部坐在车座上，双脚赛靴钩挂在脚蹬上；5处人与车接触点位置：适宜的双手握车把位置，臀部所坐的适中位置，双腿脚的适合位置；11处相关部位的角度：适度的上体肢躯体，双腕、肘、肩等关节角度，下肢的双膝踝关节角度等的确定，总体21处点、位和关节角度，共同完成坐姿的定位。

图1-1

（1）上体肢

头部、腹背臀部、肩臂部、手部等。

图1-2

① 头部（图1-2）

要领：

眼睛能平视前方即是头部的正确位置。在运动中当头部受到震晃，为保持头部正确位置、防止颈椎损伤，应适当保持颈部的紧张度，它是一种软固定。

5

作用：

头部正直略前倾的位置能放远视线，坐姿状态下有利于看清近、远方的路面和地形障碍，并提前对准下一障碍的进入路线。

② **腹、背、臀部（图1–3）**

要领：

A　躯体前倾角度在160°左右。

B　坐时上体前部收腹，腰背自然弯曲，形成臀与坐垫之间的夹角小于90°，运动时在锐角内，进行臀部紧与松的下压坐力调整。

C　坐位：指臀部在坐垫上的位置。每位车手依据个人身高、坐高的不同，确定臀部在坐垫上的具体位置。

图1–3

作用：

A　运动中保持前倾弓背弯腰的状态，可避免挺直身板时，常态下腰背无功有害的使力。通过力踏脚蹬作为支撑，致使臀部虚坐在坐垫上。

B　弓背弯腰后，臀部与坐垫之间形成的锐角，能促使上体坐压在车的坐垫上。通过实坐把身体的重力传递到车辆后轮，增强抓地效果，从而巩固坐姿时的重心，起到稳定坐姿定位的作用，避免运动中因加减速导致人体被迫前后移位，失掉重心定位。

C　确立个人坐姿在车垫上前、中、后位置，是确定坐姿时人体重心的关键地方。既能避免在转弯中因急加减速，轻易移动位置失去重心，也明显影响转弯半径的大小。

③ 手部（图1-4）

要领：

A 运动时双手需要轻力与紧力交替握车把。只在出现危难时刻，瞬时全力握紧车把后立即恢复原状。

B 双手腕关节握车把角度为160°～180°。

C 双手握车把位置不低于车把两端的水平线。

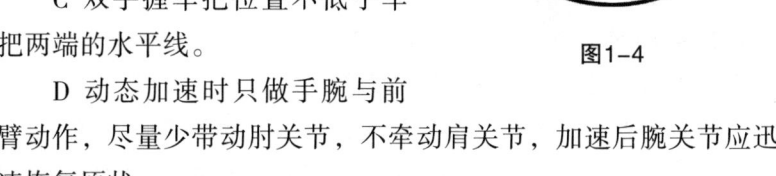

图1-4

D 动态加速时只做手腕与前臂动作，尽量少带动肘关节，不牵动肩关节，加速后腕关节应迅速恢复原状。

作用：

A 运动中不时地放松握车把，可避免因常态紧握车把，致使前臂僵硬握不住车把，出现脱把现象。

B 正确的手握把位置，加速动作幅度小、出速迅捷，便于做到全油门加速，并节省前臂的用力。再全加速时，可防止因手臂大幅度动作而带动上体，改变上体驾姿，破坏通过障碍时正确的准备技术动作的做出。

C 双手握车把的支撑力在运动中是有限的，但是在双手正确的握车把位置配合下，加速时借车辆的动力，能做出轻快的提拉车把动作，合理地提拉运动方向，快捷的运动路线，使前轮能轻易抬离地面，并能防止撞击障碍带来的对双手臂握把的冲击力，可增强双手握把的用力程度。

④ 肩、臂部（图1-5）

要领：

双臂自然外展，不耸肩，肘关节角度为100°～130°；肩关节角度为60°～80°。

图1-5

作用：

A 双手臂自然外展，可避免耸肩牵动腰背僵硬使力，影响运动中腰部灵活调整。

B 双手臂自然外展出现的形态，使运动时力的支撑点最终能够落在肩关节部位，形成双手臂强大的支撑力和发力点。

C 双手臂各关节角度适度外展带来的有效关节伸缩范围，能显著地缓冲外力对双手臂的冲击，增强双手臂整体的支撑力和做技术动作时的用力，能起到协助保持坐姿时的重心作用。

（2）下肢

腿部与脚部（图1-6、图1-6附图）

图1-6

图1-6附图

①腿部

要领：

坐姿时双膝关节小于90°的屈缩，两腿内侧只是贴靠油箱，能自如前后滑动，运动中用力与放松的贴靠交替出现。

作用：

A 可使上体和车灵动地成为一体。在剧烈颠簸状态下，瞬间紧夹油箱能协助坐姿保持重心。

B 常态下，双腿能自由地在油箱面滑动，避免了因持续夹紧油箱用力而牵动腰部不必要的僵硬用力，并限制上体的灵活调整。

C 双腿轻贴靠油箱，在做转弯动作时有利于腰部放松，同时解放内侧腿，可自由灵活地伸展，协助倾斜中的左右重心平衡。加速时它也能有力地前伸，辅助臀部所坐位置的稳定，从而保持坐姿状态下的前后重心。

② 脚部

要领：

A 两脚赛靴后跟前沿处钩挂在脚蹬上，脚尖朝下放松状，踝关节远大于90°，在正常情况下，运动中脚无需蹬踏用力。

B 坐姿转弯时，正常情况下下肢力的支撑点不在脚蹬处，而通常是臀部在坐垫上正确的位置。要强调不应在常态下用脚力蹬踏脚蹬，变为虚坐在坐垫上，这样达不到维持坐姿时重心定位的作用。

作用：

A 正常转弯时，外侧脚赛靴钩挂在脚蹬上不使力，能防止腰部的紧张状态，解放内侧腿，可自由地上下、左右、内外不同力度地伸展，从而维持转弯中的左右平衡。

B 在运动中遇剧烈颠簸时，脚在脚蹬上可短暂地向斜后方向蹬踏用力，暂时能保住臀部在坐垫上的坐位而维持重心。

2. 蹲姿的建立

运动中蹲姿可分为半蹲姿（图1-7）和蹲站姿（图1-8、图1-8附图）。蹲站姿的使用远大于半蹲姿，在通跃土坎、平台、上下坡、起伏路等可跳跃的障碍中广泛使用，必须要运用在有高难度的连跳和组合跳中，可以在跳跃时充分施展和发挥跳跃技术，也是重要的安全保障姿势。因此应形成蹲姿的规范化姿势的教学与运用。

图1-7

图1-8   图1-8附图

　　蹲站姿有作为主要支撑力的人与车的4处接触点：双手握车把的接触点；双脚赛靴踩踏在脚蹬上的接触点。人与车接触点上能起助力作用的4处适宜位置：双手握车把位置；双脚赛靴踩踏脚蹬上的位置。相关部位起到辅力作用的10处适度关节角度：双手臂的腕、肘、肩等关节角度；膝、踝关节角度，以及上体远大于坐姿的弓背弯腰前倾压角度。以上接触点、位置、关节角度等共19处，在它们的协同下完成蹲站姿定位。

（1）上体、上肢

头部、腰背部、手部、肩臂部。

图1-9

① 头部（图1-9）

要领：

抬头至两眼能看近远方为准。

作用：

此位置既能看清近方而避险，又可远眺障碍提前做好准备。

② 腹、背部（图1-10）

要领：

在收腹弓背弯腰状态下，前倾压的角度约为120°，应避免常态化的挺直腰板。上体前倾压程度远大于坐姿。上体的前倾角度因人而异，与身高及坐高有关，也受双手臂握车把的外展程度和腕、肘、肩关节角度的影响。

作用：

A 腰背呈弓弯状，可避免

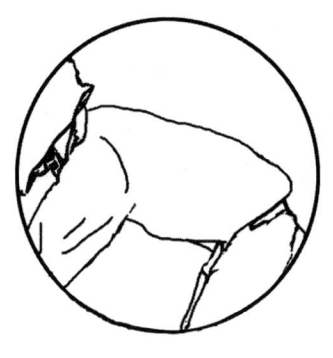

图1-10

挺胸直腰时僵化使力带来腰背肌过早疲劳、僵硬，同时牵动双腿紧绷，也牵滞上体前后左右的运动调整范围，从而有利于运动中放松腰部，解放腿脚部的伸展，起到消减其力量和灵活调节平衡的作用。

B 运动中需要时，调整腰背弓弯前倾角度，能弥补膝、踝关节不到位时的平衡，在运动中腰背是保持体位前后重心的中枢支持部位。

C 在运动时，能限制提拉车把的行程距离，可正确做出至多提拉车把到胸部位置，使上身不可能出现大幅度后移至失去重心平衡，形成高抬前轮而翻车的现象。

③ 手部（图1-11）

要领：

A 双手部腕关节170°～180°握车把。

B 结合双手握车把高于车把两端的水平线位置，以配合双手臂外展形成与双前减震器相平行，可做出轻松提拉车把的动作技术为准。

作用：

A 充分发挥手部握车把的支撑力，减轻手部的动作用力。

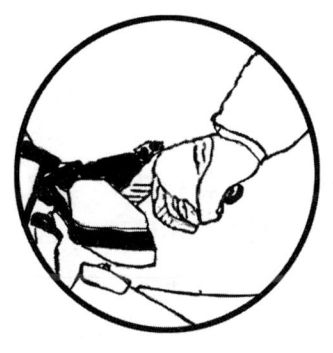

图1-11

B 能做出饱满、快捷的全加速动作。

C 遇障碍冲击力时可避免低握把位置，形成一手推车把，另一手拉拽车把，致使前轮出现危险的晃动。

D 正确的腕关节角度，适宜的双手握车把位置，适度的双手臂肘肩关节配合，再结合适合的弓背弯腰的前倾，能轻快地做出提拉车把的动作。

④ 肩、臂部（图1-12）

要领：

A 双肩自然下垂外展，此放松状态可避免耸肩的用力。

B 肘关节夹角110°～140°，肩关节夹角60°～70°。

作用：

A 做到双肩臂上述要领，当腰背始终处于弓弯状态时，避免肩背肌的无用使力致使肌肉僵硬。

图1-12

B 通过跳跃和起伏路时，在腰背弓弯前提下，有适度的肘肩关节角度，能做出与前避震器相平行，轻松到位的提拉车把动作。避免因双肩臂外展不够而出现向偏后方向拽拉车把，造成重心后移，失去平衡的状况；防止外展过大，而出现向上趋直提车把的动作，升高并前移身体重心，破坏前后的平衡。

（2）下肢

脚部与腿部。

① 脚部

先确立赛靴脚底踩踏脚蹬的位置与踝关节的角度。（图1-13）

图1-13

要领：

A 脚处在赛靴底的中心位置，成水平状踩踏在脚蹬上。

B 踝关节应定位在90°，经常在接近90°左右状态运动，避免常态下在小于或大于90°状态停留。

作用：

双脚赛靴站在脚蹬上的位置与踝关节的角度正确与否，决定性地影响蹲中的人体的重心和平衡。脚尖朝下或脚后跟朝下，脚偏前或偏后站在脚蹬上，引起踝关节角度的小变化等都会产生人体前后重心的大改变。小于90°，人体重心通常偏前；大于90°，人体重心通常偏后。在不断地加减速或在不停顿地实施障碍技术动作中，使重心回位困难又费力。

② 腿部

在确立了脚位与踝关节夹角后，再确定膝关节夹角。（图1-14）

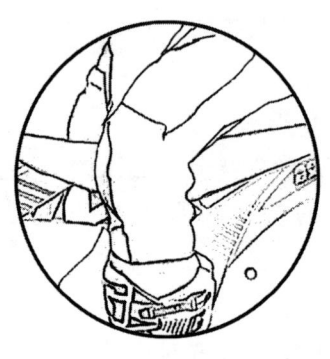

图1-14

要领：

A 在多数情况下，膝后夹角处在120°以上活动为常态，运动中因失误动作需调整时，最大活动幅度时膝关节可达180°。

B 运动中膝关节调整时，应避免经常出现的无意中膝部向前弯曲，带动踝关节前屈小于90°，致使蹲站姿重心在前，高速过障碍时难以回到平衡的重心位置。

C 也应避免常态下膝后夹角小于120°或小于90°成为半蹲，在加减速中需依靠双手拽拉或推挺车把维持平衡，在此状态下只有减速，方能使身体移回到原位。

D 当需要膝、踝关节联动时，膝关节是大动，踝关节是小动。

E 在运动中膝关节的活动多于踝关节，运动幅度也大于踝关节。

作用：

A 正确的膝关节角度，能辅助踝关节在运动中保持重心；适度的膝关节活动范围，可帮助在动态中稳定蹲站姿的平衡。

B 在跳跃的起跳时，正确的膝关节角度，能出现合理有效的膝关节伸缩的活动范围，利于做出带起后轮弹性离地，高跃起的弹跳动作，并能与后减震器协调一致的防震。

蹲站姿做到以上要领，做跳跃障碍的起跳动作时，人体的运动方向表现为以上下运动为主，前后运动为辅。它明显体现前后重心改变少，动作幅度小，在空中易维持平衡。在起伏路上，其效果是能快加速、全加速、持续加速。

当前特别要提出，几十年来在进行驾驶的训练时，日常只做通过障碍技术的训练，现在是时候改变这种单一的训练"模式"了。

正确的训练之道，应当在驾驶训练中，修正驾驶姿势与纠正障碍技术动作并行。在大纲的开篇里，简单地提到驾驶姿势的5大功能（详细内容见《解析举足轻重的两轮摩托车场地越野运动驾驶姿势》一文），也已明确表达出驾姿与障碍技术紧密关联。它明显地表现在驾驶姿势对障碍技术产生的巨大影响这一功能上。

其中的原理是：通过下一障碍开始阶段时的驾驶形态和准备动作，都是原驾驶姿势引发而出；只有建立起模式化的驾驶姿势，在通过下一障碍的起始阶段，才能够引导出规范化的障碍技术动作。驾驶姿势与障碍技术具备"共同体"关系，因此在训练过程中，驾驶姿势的修正与障碍技术的纠正，两者缺一不可，需要一体化的新训练准则，往往修正驾姿在前，纠正技术动作在后。

（二）基本技术

两轮摩托车场地越野运动的基本技术：必须具备能操控赛车机械的技术；必须掌握能通跃场地赛道中国内外普遍皆有的路面质地、地形障碍的技术；能顺畅地做出两个障碍之间就出现一次的衔接技术。

两轮摩托车场地越野概括起来有三类9种基本技术。

机械操作技术类：油门、挡排、离合器、制动器等为1种。

障碍技术类：沙土路、泥水路、弯道、车辙沟、跳跃（坎、台、坡）、上下坡、起伏路7种障碍。

衔接技术类：障碍之间的衔接技术为1种。

1. 机械操作技术

运动式的驾驶操作，明显区别于交通驾驶操作的动作。

（1）油门动作（图1-15）

要领：

A 手松弛使力握把，运动中应避免常态化的用力紧握车把。不应在一个障碍的通过中，有多次的加减速调整动作。

B 右手做加减油动作要迅捷、干脆。加速时自然小幅度地牵动前臂，尽量避免带动上臂，特别是防止不必要的大幅度改变肘、肩关节角度。

图1-15

作用：

在高于车把末端水平线的握把前提下，手转动油门加速动作小，可迅速升速与全加速。重要的是简约的手加速动作，少牵动肩臂，不仅省力，还能消除因过多的前臂用力而导致的劳累引起肿、胀、硬等无力握住车把现象，同时保持了原驾姿，为进入障碍出现模式化的驾驶姿势、规范化的起始技术动作创造了条件。

（2）换挡动作（图1-16）

要领：

越野赛车的挡排多，换挡应及时、频繁，充分发挥多挡变速作用。用赛靴脚前部的上面和下面升降挡，换挡动作要轻、快、准。

作用：

轻、快、准确的升降挡动作不乱挡，缩短换挡时间，争取速度。不断地加减挡，是运动中通过障碍时不断升降速所

图1-16

需。换挡适时、适速可充分发挥车辆的动力和加速性。

（3）离合器动作（图1-17）

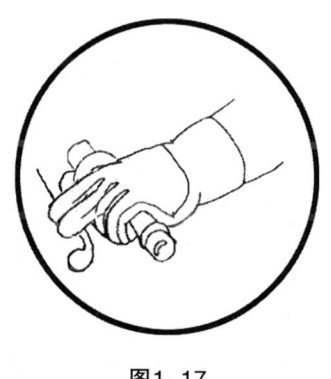

图1-17

要领：

A 左手两指钩握离合器握柄。

B 换挡有全握、半握、"不握"离合器3种方式。运动式的换挡应摒弃全手握把方式。用半握离合器这种手段，部分切断动力后再加速而可以不失速，来达到控制速度的目的，但也不要采取持久半握离合器的方式。

作用：

A 两指握离合器手柄换挡，不影响握离合器时的力度准确程度，不仅能保障全手掌握把的支撑力，而且伸出的两指能轻便、随时、及时回归全手掌握车把。

B 适当运用半握离合器，既可切断发动机的高转速减缓高速，又能够加油门，有限度地提高发动机的转速而不失速，并可掌控其提升的速度。

C 可在几乎听不到发动机降转速，又似乎在看不出不握离合器的升挡（实际是做了轻带一下离合器的动作），"不减速"情况下提升了速度。在减速的过程中降挡可不用握离合器。二者都有一个前提条件：在适合的转速下才能够挂进挡，起到升降速快捷、柔顺的衔接。

（4）制动动作

① 前制动（图1-18）

要领：

A 右手两指钩握前制动器握柄。

B 手握前制动器的力度恰当非常重要，时刻警惕用力过度引发前轮抱死，出现人体向前方摔出的危险现象。

C 防止在伸出两指时带动回油门减速；回撤两指时带动加油门升速。

D 前制动使用的频率不低于后制动器。

作用：

力度控制得当，频繁地使用前制动器，不亚于后制动器制动效果，它显著增强降速效果。

图1-18

② **后制动（图1-19）**

要领：

A 坐姿制动，只用右脚赛靴前底部踩踏后制动器踏板，在通过弯道颠簸时，赛靴前底部踩后制动器时，脚可在脚蹬处，为获取得当的力度也可不在脚蹬处。

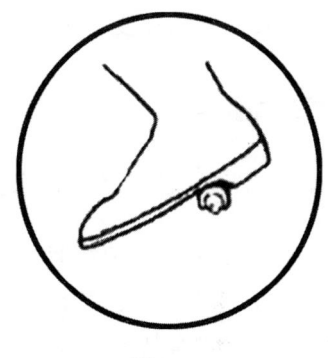

图1-19

B 无论坐姿还是蹲站姿，采用力度适当的点刹后制动器降速，远强于一次性的、不间断的、用力过度的制动或踩到底引起拖带低效的减速。

作用：

点刹的正确减速方式，既可防止减速效果不佳的后轮拖带，又能避免降速中因地面不平，致使后轮上下颠簸、左右摆动、破坏平稳的降速。

③ **联合制动**

要领：

A 同时采用前后制动器降速，是常用的操作方法。

B 使用前后制动器，要做到前轮转动不停滞，后轮减速不拖带抱死的好效果。

C 在同一时间内，采取回油门减速、动用前制动和后制动、降挡4种操作动作为联合制动。

作用：

在减速的前提下，前制动器使用力度得当，后制动器采用频率均匀、力度适合的点刹，再配合时机恰当的降挡，这一联合制动方式，可在最短的时间、最短的距离内，取得最佳的减速、最平稳的降速效果，这是一项高超技术。

以上是摩托车越野场地运动标志性的操作基本功，达到平稳又高效的升减速度，可能是车手终身追求不止的操纵技术。

2. 障碍技术

（1）沙土路面障碍技术要领

沙土路面是场地越野运动中最普遍也是最主要的一种路面。标准的赛道以松软土质为主，掺混适当比例沙子，它是具有既松散又黏合特性的混合质地路面。

要领：

A 松软混合路面，车辆后轮的抓地力强，只要加速不猛烈突兀，就能顺畅高速通过。

B 松软混合路面，在大功率多车多圈通过后其路面形状变化多，车手每圈不能一成不变地用同样的技术动作、同样的线路、同样的方法通过此路面障碍，应做适当必要的调整与改变。

C 沙与土的比例不同，松软程度相异，其挡排的选择也有差别。沙质成分比重大，挡排偏低；土质成分比重大，挡排偏高。

简要训练方法：

A 先选择良好的松软质地的路段或路面，有利于做出和形成规范的障碍技术动作要领。

B 主动寻找不同沙土含量，形成不一样的抓地力的路面练习，能够很快适应各种不同质地路面的比赛场地。

（2）泥水路面障碍技术要领

无论自然形成还是人造的泥水路面，都是越野运动中必不可少的一种障碍。

泥水路面在通过中缺乏规律性，有多变性的特点，常因车手心理作用，易造成失误。

要领：

A 姿势：坐姿、半蹲姿、蹲站姿通过均可，视障碍的具体情况来选择。

B 握把：水泥路面阻力大，双手握车把用力相对大，但不要用紧力掐车把。

C 挡排：在泥水中，视泥水的厚度、深度选择挡排。在泥水行驶中应尽量避免换挡，变挡相当于变速，变速改变后车轮对路面的抓地力，增加在泥水路畅快前行的难度。

D 技术：采用让前轮浮起，以克服前轮水泥地面的阻力，加大后轮的地面附着力，可更顺畅、快速地通过障碍。

E 选路：泥水地面具有不定型特点，车手要选择水浅、泥浅的地方通过。

F 心理：泥水路面变化大，缺乏规律，有不可预测性，失误率相对高。胆怯、恐慌、紧张等心理障碍引起的全身紧绷，妨碍灵活调整，是顺利通过障碍的大敌。

简要训练方法：

A 不要躲避有雨天的训练，训练中不必担心泥水中的失误摔跤，重要的是积累总结经验，找到通过的办法，提高成功率。

B 既要在浅易的泥水路面练习，也要主动寻找深水、深泥的路线练习，加大难度，以利实战。

C 尝试少用力、轻扶把是否能成功通过，以增强自信。

（3）弯道障碍技术要领

弯道障碍是场地越野运动中通常数量最多的一种障碍，弯道障碍技术是场地越野运动的主要技术，因此也是车手应具备的最基本、最重要的技术之一。

车倾斜稳妥加速时，具有动力的后轮均匀、规律地向外侧滑动转向，前轮有时反向、车把反打帮助转向，是典型的运动式转弯。

众多车辆多圈通过松软的土质路面，在同一条行驶的转弯路线上，经常会发生弯道的弧度、弧线的变化，而且会出现一种因后轮推铲而隆起的外超高弯道。

①普通弯道

指路面平坦的弯道。

要领：

A 在平整或相对平坦路面，绝大多数情况下以坐姿方式完成弯道，如有剧烈颠簸可采用半蹲、蹲站姿。

B 采取人体与车在纵向的同一水平线、同方向、同时利用人体重量向转弯一侧自然地倾斜，简称为正倾斜或"正压车"。（图1-20）

通过时，在无意外的情况下，上体不做主动的反压

图1-20

车（车向内侧倾斜但人体向外侧倾斜）调整，应保持正倾斜的驾驶姿势。用腰部、腿部用力压车，即所谓的反压车，经常只是一种转弯中的调整动作，不能成为规范的转弯技术要领。（图1-20附图）

图1-20附图

上肢：（手、臂、肩）保持基本的驾驶形态。（图1-21）

图1-21

手：只是手动加速，手转动油门，力轻而不缓，快而不烈。不可在一次的弯道通过中，采用时断时续的加油门方式，它的弊端表现在：倾斜时起时落，破坏侧滑的规律，转弯不顺畅，速度提升受限。

前臂：随手自然微动，肘关节角度微调。

肩臂：只有全加速时，前臂自然而动，肘关节变动，带动肩关节角度微调。

以上能基本保持坐姿转弯中双手臂旳原驾驶形态，从而保障弯道中极小的动作调整与技术动作规范的实施。

腰背：弓背弯腰前倾呈松弛状态下轻快放车，倾斜中方能自如、随意地伸展抬起内侧腿，辅助车辆倾斜和加速时的平衡。需要提醒的是，在转弯的开始阶段，除保持弓背弯腰，还需做出腰部使力下压，促使臀部重压坐垫，从而坐实坐垫这样

一个重要动作。（图1-22）

臀部：首先要坐对在坐垫上的位置。还需保持在弓背弯腰的状态下，通过臀部坐压坐垫，才能够增强下压后车轮，加强其与地面的附着力，保障弯道中能出现稳定的侧滑转弯。（图1-22）

图1-22

腿脚：初中级运动水平的车手通过弯道时，一定要练习伸出内侧腿，向斜前方伸展，脚尖向上，大小腿要用上力。速度越快伸展越迅速有力，抬腿亦越高，可防止臀部所坐位置后移，并有效地辅助倾斜时人体左右前后的平衡。正常转弯时，外侧腿无需用力压迫车向内侧倾斜，外侧脚同样不使力蹬踏脚蹬。否则牵动腰部出现不必要的僵硬用力，影响腰部左右的调整范围，制约内侧腿自如伸展，这种反压车动作也限制了转小半径弯道。（图1-23）

在做到以上要领时，随着弯道中持续的加速，后轮自然出现均匀侧滑转向。在高速出弯前，在保持收腹前倾、双手臂外展驾姿的形态下，需双肩臂用力做出向胸部方向的提拉车把动作。与此同时，内侧腿持续抬高，做出偏向内侧伸出合适的角度及加力的动作，车能规律地侧滑完成转弯，直至收腿脚，正车终止转弯。

图1-23

简要训练方法：

A 开始时选择平坦较松软的土质路面，进而过渡到在颠簸或附着力差的硬质路面上练习。

B 提议前几十课每节课做划圈练习、左右圈交替、半径由大变小、油门逐渐加大、油门忽小忽大的变化加速。体验是否能随时出现侧滑，侧滑是否均匀规律，侧滑是否能不间断的延续。

C 做好以上练习后，每节课再做由短距离的慢速，到长距离的快速直线连接左右转弯；再做出由慢速到快速的接近弯道；大弧度弯向90°弯，再向小弧度锐角弯过渡；然后变换左或右的转弯练习。

D 先慢速进弯，逐渐提升到快速进弯；慢速通过弯到中高速通过弯到快速出弯，进而弯中提前加速出弯等练习。

E 反复做平场地与赛道路线的交替训练，以检验平场地转弯练习的效果。

F 由平场地练习过渡到简单越野路线和具备综合障碍的越野赛道。

G 应要求弯道通过的规律性，追求顺畅通过弯道的成功率，不要单纯地追求速度。做不出有质量的弯道技术动作，反而影响速度。

②外超高弯道

无论是训练还是比赛场地，绝大多数会出现外超高弯道。这是由于地面质地松软，众多后轮胎凸起的花胎大马力赛车，通过数百次的高速侧向转弯，向外推铲堆积而自然形成的外超高。也有人工堆筑，通常能极速通过。有很强观赏性的外超高障碍，有以下特点：向外侧隆起斜面土堆，其半径大小不同，高低度不等，弧线长短不一的外超高弯道；无标准尺寸（长、宽、高、弧形等），形成快、变形快。

要领：

相对于平坦路面的普通弯道，通过外超高弯道时虽然速度更快，但因有类似屏障的一堵墙，所以安全性较强。通过时技术含量高，其表现在以下几方面：

A 驾姿定位准得多。

B 视线远得多。

C 放车提前得多。

D 动作幅度调整小得多。

E 动作精确性高得多。

F 重心变化少得多。

G 动作协调性强得多。

以上要求要在瞬间同时做到，这是快之所需，快之必须。

简要训练方法：

A 先期练习外超高进速要控制，否则会冲出外超高或向内侧抠把引起摔跤。

B 先选择那些屏障高、弧形规律、半径适中、弧线长的外超高练习。

C 高外超高是弯道的"挡墙"，利用外超高，可以无顾虑轻松地放车，大胆地加速，心静地体会平地转弯的要领。之后再转到普通弯道尝试能否腰部放松，自然倾斜放车。通过两种弯道的交叉训练，促进掌握正确的弯道要领。

D 外超高弯道练习，因速度快，初期必须要伸出内侧平衡腿。随着速度的提高，必须随之抬高、内贴、加力。

（4）车辙沟障碍技术要领

大功率赛车数十成百次地通过潮湿、泥水路面必然出现车辙沟。

大功率赛车数十成百次地通过松软沙土路面，也会出现车辙沟。

有直线车辙沟，也有弯道车辙沟。沟的深浅、弧形经常发生变化。

常因心理障碍容易造成失误摔跤，但也是难得的超车机遇的一种障碍。

要领：

①**视线**

视线一定要远。如接近车辙沟时低头近视，紧盯入沟，很难对准入沟车道，不仅影响速度，而且极易出沟。

②**路线**

通常沿着已形成的浅沟，能发挥速度的半径弧度的车辙沟行驶。如车辙沟加深，弧度变形，另选择一条车辙沟或另开辟一条路线通过。

③**驾姿**

通常采用坐姿通过，直线沟较深或较长时也可采用半蹲姿或蹲站姿通过。避免耸肩用力而牵动腰部使力，造成上身僵硬，失去腰部调整功能，带来前后轮相拧的现象，这样很难顺沟快速通过。

④**动作**

A 挡排：浅沟选挡应偏高，深沟则选挡低一些，在车辙沟中不宜换挡，利于顺利通过和发挥速度。

B 速度：顺利进入车辙沟后，应持续匀加速，不要变速，防止因变速造成轮胎抓地力的改变，难以沿沟的轨迹行驶而出沟。

C 弯道车辙沟：入沟要提前倾斜车辆，否则入沟时前后轮难以顺着沟的弧度线路行进，往往在弯道的前段驶出车辙沟。

⑤心理

解除对车辙沟的畏惧。心理紧张致使全身紧绷，失去动作的协调，经常发生车前后轮相拧出车辙沟。精神放松带来身体放松，动作协调，利于通过车辙沟。

简要训练方法：

A 初练通过车辙沟时要控制速度，避免因高速进沟不能沿着车辙沟行驶而失误摔跤。

B 必要时人为制造泥泞路，通过时形成车辙沟，模仿或强化泥泞车辙沟的训练。

（5）跳跃障碍技术要领

可跳跃的有土坎、平台、起伏路、上下坡等障碍。土坎是场地越野的主要跳跃障碍。

跳跃障碍是越野运动技术难度最高的障碍，也是越野运动危险性最大的障碍。

跳跃障碍有单坎跳（含平台跳）、多坎连跳、单坎加连跳的组合跳。起跳坎和落地坎斜面的长度、角度、高度及坎间距离各种各样，必然对车手的技术提出高标准要求。

单坎跳和平台跳是跳跃的基本技术。两坎与平台以上的连跳，多种类的跳跃障碍的组合跳是最高难度的跳坎技术。

以下是单坎和两坎或以上的连跳。

要领：

① 速度

速度是保障跳到目标距离的前提。跳跃的速度可分解。

A 起跳坎障碍前的来速：它影响跳跃的距离，但与高度无关。

B 起跳坎斜面上的加速：增加飞跃的距离，同时影响飞跃高度。

C 出起跳坎斜面末端的再加速：主要意义是提升飞跃的高度，对飞跃距离也产生影响。

② 跳跃技术

技术是跳跃的根本保障：跳跃到预定距离；飞跃障碍的最高点；稳妥的起跳，平稳准确地落平地，平台、坎的下斜面，就能完成跳跃。重心又是跳跃技术中的核心部分，是技术的结晶，更是安全完成跳跃的重要保障。

跳跃可分为起跳、空中和落地3部分。

起跳。（图1-24）

图1-24

A 练习中应采用规正的蹲站姿出跳，可为起始阶段提供规范化的跳跃技术条件。

B 初练起跳技术动作，要有意识地先做出：瞬间上肢双手臂力压车把，紧接着再做提与拉方向相结合的规范的提拉车把技术动作。

C 与B同时，也是有意识地下肢双脚力踏车脚蹬，双膝立即由屈转变成伸展，做出后轮弹起的起跳。

D 起跳时人体基本沿着直线向上，体位稍后移动的升空，不但能基本保持规正的驾姿形态，而且可减少起跳后改变前后的重心，避免在空中再做不必要的大范围的调整。

E 必须要做到上下肢同步协调一致，有弹跃的前后轮起跳的规范技术动作，它对以后的高跳、远跳、安全的跳跃具有重要意义。

空中。（图1-25）

A 上升阶段：持续保持②起跳D中的姿态，在接近制高点时，身体做整体的舒展，双手臂稍前推送方向把，以利扩大在空

图1-25

中人体与车难以避免的调整动作。

B 制高点阶段：此时车的前后轮处在同一水平线上（能否出现受跳跃的距离或滞空时间影响），身体各部位复原正常驾姿形态。当人与车处在最佳重心的平衡状态，双手可松开方向把，双腿可脱离脚蹬处（只有做出弹跃起跳可出现的自然现象），此时感受到人体在空中的美妙时刻，它更能体现出人与车处在空中的稳定平衡。

C 滑降阶段：落平地，提前准备做出落地前的提拉车把动作。落在下斜面的障碍，上体略舒展仰起，前推车方向把，车前后轮要达到与落地斜面相平行。

落地。（图1-26）

A 接近落地前，双手臂持续提拉车把，双膝做出屈缩或伸展的动作。与此同时，选择恰当时机，落地前加一把油门。其作用是帮助后避震器落地时，加快由压缩转变为伸展的过程，以减少落地时的反弹震动。

图1-26

B 落地瞬间，继续加油门提速，可避免落地后因反弹而失速。如落在下斜面时，又紧接下一障碍，要视有无加速距离，决定加速的早晚与多少。

C 落地姿势。落平地面，必须采用蹲站姿落地。前后轮同时落地，或后轮稍先于前轮的方式，这样落地平稳并有益于重心的平衡。落下斜面。下斜面落地是连跳和平台跳落地的科学合理的设计。可选择蹲站、半蹲或坐姿，前后轮同时落地，或前轮稍先于后轮落地等方式，能保障平稳地落在下斜面上，利于重心的平衡。

D 落地后，仍要持续加速，做出双手臂提拉车把或伸展送车把，双膝可伸展或屈缩的动作（视平面或斜面落地和落地后所选择的驾驶姿势）。

简要训练方法：

A 初学者先进行弯道练习，而后再做跳跃训练。当积累了足够的摩托小时，具备了熟练操纵油、离、刹等机械的基本功，能自如地控制车速后再进行跳跃练习。

B 在平地急加速及变速中，蹲站位基本稳定后再做跳跃练习。

C 先选择坎前平坦路面，以利平稳地进入起跳坎上斜面。

D 先进行上坎前有足够的提速距离，落地后有足够的降速距离练习。以便减少起跳难度，提高落地后的安全性。

E 先简后繁，先做矮平台跳跃和低坎的单跳，进而练习长斜面、大坎、高平台跳跃。

F 先进行起跳面平整、起跳面长度远大于车辆前后轮距的练习，再过渡到不平整的起跳面和不足两轮距的短坎跳。

G 初练跳跃选择平台障碍。起跳斜面长度要远大于车前后轮距，并要设计长于起跳面的落地下斜面，不高亦不长的平台面，进行先易后难的练习。

H 初始速度应加以控制，当出现前轮抬起过高或后轮被掀起时应减速或暂停跳跃，找出原因后再恢复跳跃。

（6）上下坡障碍技术要领

上下坡障碍是摩托车越野中由自然地理形成的常见的一种障碍。自然地形的上下坡，其坡面的长短、坡度的大小、坡中的地形不尽相同。

现代的摩托车越野运动，在超级场地越野中，也有人工建造的上下坡，在上坡中或再增设一个小跳坎障碍（可称为复合式），以增加其通过的难度和观赏性。

要领：

① 坐姿通过上下坡

坡面平坦、坡度不大的上下坡可以坐姿通过。

A 上坡：上体略加大前倾，防止坡中加速过猛起前轮翻车。挡排的选择要适中，即防止挡排过低，加速后上坡中易起前轮，又要避免挡排过高，上坡中加速无效而失速。（图1-27）

图1-27

B 下坡：上身略仰起，双手臂使力推撑车把，双腿加力贴靠油箱，双脚力蹬脚蹬，在坡度大的下坡中可保持坐位，避免下坡过程中，坐位被迫前移（重心前移），重压前轮，遇路面颠簸造成失误，人危险地前栽摔出。挡排要选择：下坡既能出现理想的速度，后轮又具备有效的地面附着力，可保障优速平稳的下坡。（图1-28）

图1-28

② 蹲站姿通过上下坡

A 当采用飞跃出跳上坡顶端和下坡始段，必须选择蹲站姿。

B 上下坡的跳跃基本要领与跳坎障碍相近。

C 上坡跳整体位可略向前移，上身稍加大前倾压，落地前必要时在空中减挡，预防落地失速，以利落地后有效起速和加速。

D 当飞跃下坡时，要适当降低蹲站高度，体位略后移，踝关节角度必须大于90°，防止重心在前的危险，达到前后轮同时落坡面为好。

简要训练方法：

A 先学会车在上坡中失速或意外停止时，及时跳下车，推车上坡或放倒车调转车头向下的坡中处理练习，这是实战演练的必修课。

B 初练者应选择坡面平坦、坡度小、以蹲站姿的上下坡练习。

C 为应对比赛中难于避免的坡中遇前车阻挡状况，在上下坡训练中，可有意做出加减挡练习。体会坡中变速时可能出现的坡中失速、后轮横向滑动、前轮失控扬起等现象，以及可采取的挽救措施。

D 只有熟练掌握平地的跳跃障碍技术后，方可练习上下坡的跳跃。因后者尤其是下坡跳的技术难度大，失误后会产生严重后果。

（7）起伏路障碍技术要领

在场地越野运动中，只要是标准的松软质地路面，都会出现起伏路。更多典型的起伏路，出现在急重降速和障碍通过后再次加速的地方。它有3种类型。

①自然形成的不规律或不规则的起伏路

通常是因为松软的路面质地、大马力的车辆、深花的轮胎、众多的赛车和数十圈的通过形成此起彼伏、不等间距、高低不同的凸凹地形。（图1-29）

图1-29

要领:

A 可以坐姿通过短矮、间距小、路段不长的起伏路坎。用半蹲和蹲站姿,以跳跃的方式通过连续多坎、足以起跳的上斜面起伏路坎。

B 以提拉车把的技术动作做出前轮略高于后轮的浮离地面,后轮沿地面行驶,或前后轮离地的跳跃方式通过。

②完全是人工设计,人机堆推而成,俗称"搓板路"的起伏路坎

它有连续紧密排列可达10个的起伏路坎,其坎的形状、高度、间距相似。是场地越野运动中难度可及组合跳跃的技术,也是危险性很大的障碍。

苛刻的难度极高的"搓板路"(同坎高连续排列十多个)起伏路坎,通常只出现在美国顶级的超级场地越野赛(AMA)

上，世锦赛已禁用。国内的"搓板路"障碍明显地降低了它的难度，减少了危险性。现如今已很少设置此种障碍。

要领：

A 必须要连续不断、节奏极快、非常规律地通过一连串起伏路坎。

B 必须用蹲站姿势以跳跃的方式通过。高标准、模式化的蹲站姿，在跳跃的全过程中，能够掌控跳跃速度的快慢、跃起的高低、飞跃的远近、准确的位置、精确的关节角度、有限的体位移动幅度等。

C 每个起伏路坎的通过速度几乎一致。

D 膝踝处在能产生最大蹬踏力的角度，踝关节角度必须始终大于90°，膝关节角度始终大于120°。

E 前轮始终高于后轮，前后轮在高速的飞跃中，始终只轻触每个起伏路坎的顶部，"一扫而过"，无冲撞而产生的失控的颠起。（图1–30）

图1–30

F 在速率极快的加减速中，所有的技术动作在统一、协调、快节奏中完成。

③人工与机械堆建，也有连续排列的可达近十个的起伏路坎

它区别于规整的"搓板路"起伏路，有明显不同长度的，车轴距短于、等于或长于可稳妥起跳落地的上下斜面坎；其形状、高度、间距各不相同，是一种不规律也不规整的起伏路障碍，其难度减低了，危险性也减少了。

在世界锦标赛和国内的锦标赛上能见到此类型的起伏路障碍。

要领：

A 必须采用连续不断、节奏快且非规律的一致性技术动作通过一连串起伏路坎。

B 必须用模式化的蹲站姿势以跳跃的方式通过。在跳跃的全过程中能够灵动地掌握跳跃速度的快慢、跃起的高低、飞跃的远近、位置、关节角度、体位移动幅度等的变化与调整。

C 膝踝处保持能产生大蹬踏力的角度，必须在踝关节角度大于90°、膝关节角度大于120°屈伸下做动作。

简要训练方法：

A 在平场地具备一定速度的变速练习中，蹲站位重心不受破坏，基本稳定平衡后，再进行起伏路练习。

B 在具备单坎、平台及简单的连跳技术动作后，再进行人造的起伏路练习。

C 先选择无规律的起伏路坎练习。凸凹高低差不大、间距较大的起伏路优先练习，进而过渡到高低度落差大、间距缩短的起伏路坎的训练。

D 在熟练地掌握了各种类跳跃技术后，有教练在场指导的情况下，谨慎地进行"搓板路"起伏路坎训练，先选择低坎、间距适中、能调整速度的起伏路坎练习。

3.衔接技术

除以上8种障碍技术外，必须要提出的一种不属于障碍的技术，是障碍与障碍之间的衔接技术，它是车手必须掌握的一种专项技术，具有以下特点：一圈中，多于不同种类障碍各自通过次数的非障碍技术；连接的障碍不尽相同；衔接的技术动作也无统一化；衔接动作技术的全方位性；多种动作的重叠性。衔接内容包括驾驶姿势的转换，技术动作的转变，重心的转移和障碍之间赛道路线的连接。

（1）姿势的转换衔接

坐姿与蹲站姿相互之间的转换，显著体现在如下几方面：上下体肢驾驶形态的变与不变、相关的位置、肢体的关节角度变与不变。

要领：
驾姿转换时的上、下体肢变化，有明显的差别。

①上体肢

坐姿与蹲站姿相互转换时，无论通过何种障碍，其上体肢的驾驶形态基本保持不变。

A 基本延续上肢双手臂外展形态。

B 基本延续上体弓背弯腰形态，只是上体前倾压，蹲站姿大于坐姿。

C 双手握车把位置，随姿势的转换，上下只是自然的微小移动。

D 双手臂中的腕、肘、肩等关节角度基本保持不变。

②下肢

双脚在脚蹬上的位置，膝踝关节角度有大的变动。

A 由坐姿中双脚赛靴钩挂在脚蹬上，转换成蹲站姿时，双踝关节呈90°，双脚赛靴的中心部位踩踏站立在脚蹬上。

B 由坐姿中双膝小于90°关节的屈缩，转换成蹲站姿时，双膝关节角度远大于90°，并在120°以上关节的伸展。

C 由坐姿中双踝关节远大于90°的伸展，转换成蹲站姿时，双踝关节缩小为90°。

（2）技术动作的转变衔接

本质上是放弃上一障碍的技术动作，转变为下一障碍的准备技术动作。但在不同的障碍种类衔接中，其技术动作的转变总体表现在，改变与延续同时存在。

改变与不改变驾驶姿势时，上体肢与下体肢有不同的技术动作转化。

要领：

①不改变驾驶姿势的技术动作衔接

A 同一蹲站姿之间的技术动作衔接：表现在土坎、起伏路与上下坡等各障碍之间跳跃的衔接。上下体肢中，手握车把与蹲站脚蹬位置、各关节角度基本不变或小幅变化，略有调整。

B 同一坐姿之间的技术动作衔接：主要表现在通过左右不同弯道障碍之间。因改变不同转弯方向，需转变左右不同方向的倾斜，变更左右平衡腿的伸出等明显的技术动作转变。

②改变驾驶姿势（坐姿与蹲站姿）的技术动作衔接，有强烈的反差

A 体位：有相当距离的人体上下移动。

B 上体肢：双手握把位置有自然的上下移动，双手臂部位的腕、肘、肩关节角度是一种延续的屈伸动作，不是大的改变。

C 下体肢：增减了臀部在车坐垫上的支撑点位置，膝踝关节有钝、锐角大的改变，而不是小的调整。

只有所有衔接的动作能同时快速、力轻、准确、重叠、协调统一地做出，才是最佳的技术衔接。

（3）重心的转移衔接

重心依托在驾驶姿势的转换中，融合在技术动作的转化里。具有很强的隐蔽性，在无形中完成。

重心是技术的结晶，最佳的重心是最精湛技术的体现，也是所有技术中最难做到的一项衔接内容。

要领：

①上下重心的转移

主要体现在由蹲站姿通过的跳跃土坎、平台、起伏路、上下坡等，与坐姿通过的弯道障碍相互之间的转换。在基本保持上体肢的驾驶形态下，沿着略偏后最短的上下斜直线的路线移动，并伴随一次性的多方面的到位：适宜的双手握车把位置，双脚在脚蹬上的位置，臀部在坐垫上的位置等；双手臂部位小幅度的腕、肘、肩等关节角度自然变化。同时伴随大改变的下体肢形态与膝踝关节角度，才能完成上下重心的转移。

②左右重心的转移

主要出现在坐姿左右转弯时的衔接中。人与车要做到：基本保持上下体肢的整体驾驶形态，人与车接触点位置及其关节角度基本不变；快速的左右倾斜转向，人与车纵向同一水平线的倾斜，一次性到位的准确的左右倾斜角度等。

③前后重心的转移

主要显现在以蹲站姿跳跃通过的土坎、平台、起伏路、上下坡等障碍相互之间的衔接中。其上下肢整体的驾驶形态基本不变，体位有幅度不同的前后移动。但其前后重心的转移，相比较上下重心、左右重心的转移距离与幅度小得多。但是在比赛发车后的环节，能出现大幅度的先后移再回位的移动。

在模式化的驾驶姿势保障下，在规范以至精确的技术动作前提下，能够出现最佳的重心，有了最安全的保障，才敢于加出最快的速度通过障碍。

还需强调指出，驾驶姿势与障碍技术动作，在运动中出现最大、最多的改变，突出地体现在障碍与障碍之间的衔接环节中。衔接技术作为一项非障碍性质的独立技术种类，不仅是不可或缺的非常重要的训练内容，其衔接过程，还是规正驾驶姿势和技术动作最典型、集中、见效的节点时段。因此，要想在运动时的障碍中不断地呈现出模式化的驾驶姿势和规范化的障碍技术，必须在日常训练中加强衔接技术的训练。

完整的驾驶训练，除上面提到的驾驶姿势训练、障碍技术动作训练外，还需加上衔接技术训练，成为三位一体的训练。

简要训练方法：

A 对初级车手，在静态下建立坐姿、蹲站姿定位后，需要在较长的时间内，每次动车训练前不厌其烦地做姿势互相转换的练习。从开始时缓慢的转换动作，逐渐加快到比赛中所需的最快的动作速度，完成姿势的转换。转换后再查验能否保持上体的驾驶形态；人与车的各接触点是否准确到位；各关节角度是否适度等。此种静态下的姿势转换训练，对运动中坐姿与蹲姿转换的衔接到位非常有效。

B 因衔接技术中动作的重叠性、全方位性，有必要逐个障碍进行衔接的练习，直到顺畅、熟练为止。

C 难点障碍、重点障碍、危险障碍的衔接应不断重复练习。

（4）障碍之间赛道路线的连接

指上一障碍结束与下一障碍出现之间，经常有一条长短不一的直线或趋直线的弯曲赛道连接路线，其选择主要考虑以下因素：

A 地形状况：挑选平坦、起伏小的路线。

B 路面质地条件：选择无泥水、地面附着力强的赛道路线。

C 通常优先选取最短的连接路线。

D 要预先考虑所连接的下一障碍的类别及条件，提前选择好赛道中的内、中、外其中的一条线路。

连接路线的通过是衔接环节中不可轻视的内容，它不仅影响速度的发挥，又是躲闪前车失误而分线及寻找超车的机会路段。

最终唯有符合模式化驾驶姿势、规范化障碍技术这一基本要求，进而通过完整、合理和科学的体系化训练，长时间、不间断、系统化的练习，达到技术精湛、衔接完美，方能造就高超的驾驶技能，从而不仅提高全程速度，而且保障安全完成比赛。它是取得优异成绩的必由之路。

第二节 解析举足轻重的两轮摩托车场地越野运动驾驶姿势

北京摩托队于1981年去日本，接受铃木公司专业队中曾获得世界摩托车越野锦标赛冠军的教练三周培训。在20世纪70年代末和80年代，经我国邀请，有多位日本著名车手、欧洲摩托车越野运动发达的多国数名教练来华教学训练。在笔者的记忆里，很少讲到驾驶姿势的专项课题。是省略，还是忽视？不得而知。

在欣赏世界级别的比赛，观看那些世界级车手驾驶时，发现他们的驾驶姿势近似"一个模样"；惊奇他们在通跃各种越野障碍时，好像"没做什么动作"；障碍之间几乎"不回油门"速度飞快地通过，感叹不已，又不理解。

自己在当运动员和教练员初期的一段时间内，对驾驶姿势没有概念。在近40年的教学生涯中，在不同年龄、级别、专业与非专业的车手教学实践中，逐渐摸索、认识并深化了对驾驶姿势的理解后，才解开了疑惑，找出了答案。其因在于姿势是有模式的，才能出现"一个模样"的驾驶姿势。有了模式化的驾驶姿势，才能够出现规范的障碍技术。看似"没动作"，却具备简练、内涵高超精湛的技术，才敢于也能够做出几乎无缝隙的"不回油门"的减速衔接，以飞快的速度通过连接的障碍。

　　骑上摩托车，最先亮相的一定是驾驶姿势，它伴随运动自始至终。姿势绝不是一种摆设，驾姿外观表现的是一种身体形态，即静态时的形状，运动时的态势。车手与车多处的接触点支撑了驾驶姿势的外在轮廓，车手与车多处的接触点位置适宜的移动、相关身体部位的关节角度适度变化、合理的活动范围是其内容，它们共同筑造了驾驶姿势的架构，形成了驾驶姿势在运动中"相似"的整体形态。

　　建立驾姿前，必须考量它能否符合两轮摩托越野障碍种类广、数量多、变化快、难度大等项目特点；应对不分跑道、无序的激烈竞争、时间长的比赛；适应所跑圈数和速度计算成绩的规则设计；满足对通越障碍时精湛技术、大运动强度及高速的需求。以上显然必须要对建立驾驶姿势提出合理、科学性的要求。因车手身高、坐高的不同，驾驶姿势虽达不到准确的量化标准，但是能够做模式化的定性。

　　经过几十年的带运动队，搞各类培训班教学经验的积累、归纳、总结，提出了建立模式化驾驶姿势概念，还摸索出一些检验的方法、手段。在静态下通过检验，可以查出问题，便于纠正调整，在运动中能够尽早地树立起模式化的驾驶姿势，并在训练和比赛中得到了验证，取得了明显的成效。

一、驾驶姿势的种类

运动中只有两种姿势。

（一）坐姿（图2-1）

图2-1

1. 外观标识

用坐在车上的方式进行驾驶运动。

A 眼睛平视前方。

B 上体适度地弓背弯腰前倾，促使臀部与坐垫形成小于90°的锐角而坐实坐垫。

C 双手适宜地握车把位置，双手臂适度自然外展的腕、肘、肩等关节角度，在加速的同时借车的动力，能做出轻力带起的提拉车把动作技术。

D 臀部坐在适合自己身高的坐垫位置上，确定了自己坐姿时的重心位置。

E 双腿屈缩能自由地滑动贴靠油箱，膝关节小于90°。

F 双脚赛靴脚尖朝下，后跟钩挂在脚蹬上，踝关节大于90°。常态下放松，需要时用力向后斜方蹬踏。

2. 主要用途

A 最多运用于弯道障碍的通过。

B 相对平坦的路面，或低矮、间距短的小起伏路上。

C 少数用在间距不大的连跳；连跳中落地不妥，下一障碍只能以坐姿起跳；组合跳中最后一个障碍下斜面的落地采用坐姿，是为了能及时地衔接下一转弯的障碍。

3. 主要优点

除双手握车把、双脚钩挂脚蹬的四个接触支撑点外，又增加了一个臀部在坐垫上的接触点，支撑力得以加强。采用坐姿时重心低，常态下基本无整体的前后左右大的运动，体能消耗小，因此稳定性强，行驶相对平稳。

4. 主要缺点

坐在车上的运动空间受限，动作调整范围狭窄；遇障碍冲击时，臀部在坐垫上易滑动，缺少双腿脚垂直蹬踏脚蹬的强大力量支撑，难于保持坐姿体位。

（二）蹲姿

蹲姿可分为半蹲和蹲站两种。

1. 半蹲姿势（图2-2）

图2-2

（1）外观标识

以略抬离坐垫的蹲姿方式进行驾驶运动。

A 抬头眼睛能看清前远方。

B 双手高于坐姿的握车把位置。

C 上体大于坐姿的前倾弓背弯腰。

D 体位偏前的半蹲：膝关节角度等于或小于90°；踝关节角度小于90°；双脚赛靴中心部位踩踏脚蹬上，但脚尖朝下带动重心偏前；双手臂外展被迫收缩，肩关节角度缩小。

E 体位偏后的半蹲：膝关节等于或大于90°；踝关节角度大

于90°；双脚赛靴中心部位踩踏脚蹬上，但脚尖朝上带动重心偏后；双手臂被迫伸展，肘关节角度加大，肩关节角度缩小。

（2）主要用途

A 用在凸凹起伏不大的路面上。

B 在跳跃的起跳与落地的斜面平整、角度平缓、长度又大于车的轴距时采用。

C 在某些近距离障碍的起跳和落地中选用。

D 在连跳、组合跳最后一个落地障碍的下斜面上，为及早地衔接下一种障碍而采用半蹲姿势。

（3）主要优点

上下移动小，省时，利于某些障碍间的衔接。

（4）主要缺点

运动中半蹲姿势下的重心不易维持，出现重心偏前或偏后。

当半蹲姿势的体位偏前时：运动中受障碍冲击时，极易受到破坏，失去车上的平衡。此时需用双手虎口部推挺车把，维持人在车上的重心。因重心在前，压迫前轮，起伏路中前轮易晃动，跳跃障碍起跳时双手臂无法做出提拉车把动作，起跳后往往出现人车前栽。

当半蹲的体位偏后时：运动中难以保持人体在车上的平衡，需要依靠双手臂拉拽车把来维持偏后的平衡，不仅费力，还妨碍做出规范的提拉车把动作，常出现跃起后拉车把的动作，形成前车轮抬起过高，重心在后，不利于起跳。

半蹲姿势在跳跃障碍上，存在明显缺陷，动作局限性大，运用的障碍范围少。一旦遇到意外突发情况难以调整与挽救，存在危险后果的隐患，要少用、慎用。因此不应成为规范的姿势和蹲姿的模式。

2.蹲站姿势（图2-3）

图2-3

（1）外观标识

既不是半蹲，又没有直立，在半蹲与站立的中间状态进行驾驶运动。

A 高抬头时眼睛能看清前远方。

B 上体前倾收腹屈压角度远大于坐姿。

C 双手臂自然下垂的外展，不会出现错误的耸肩外展。

D 膝关节角度常约120°以上。

E 踝关节角度90°。

F 双脚赛靴中心部位垂直踩踏在脚蹬上。

（2）主要用途

A 运用在所有的起伏、颠簸路面障碍。

B 使用在所有的坎、台、坡障碍的跳跃障碍。

C 特别是人工建造的密集、成排、坎距和坎高均等或不等的起伏路障碍中必用。

D 尤其是在人工设置的密集排列，混合了单跳、多坎连跳的组合障碍中必用。

E 某些陡峭的起跳与落地，障碍之间距离大的跳跃障碍中必用。

（3）主要优点

A 大于坐姿和半蹲姿的屈体前倾，利于到位的双手高位握车把。做提拉车把时可产生有力的压车把动作，助避震器快速压缩。

外展时在适度的腕、肘、肩等关节角度的配合下，做提拉车把动作时，能形成与前减震器的上下伸缩相平行一致的方向。

B 起跳时蹲站起来，能做出双手臂提拉车把，双腿先屈后伸的典型起跳动作，人与车弹跃高，滞空时间长，形成良好的空中弧度，为远跳提供帮助，创造落地障碍高于起跳障碍的条件，才能飞跃落地障碍的顶端。

C 在空中蹲站起来，动作自由度大、活动范围广、"耍得开"，能调整因失误造成的失衡。

D 空中在取得重心平衡后，能掌控车前轮下落滑行的时机，随意调整下落滑行的角度，弥补因出跳速度不够，飞不到预定距离，而撞击落地障碍的上斜面的不足。

E 空中能做出理想的与落地障碍的下斜面相平行的弧线，可避防车危险的栽头落地。

（4）主要缺点

A 因蹲站位高，人体重心升高，保持运动中的平衡难度增大。

B 蹲站的调整范围广、活动空间大，体能消耗亦增加。

不难得出蹲站姿因其广泛的用途，明显的优势，可靠的安全性，应该成为蹲姿的模式。因此蹲站姿，能够作为蹲姿的表达词语和代表姿势。

以上坐姿、半蹲姿、蹲站姿的外观标识，结合下面即将表述的驾驶姿势建立中的具体内容要领，就是完整的模式化的驾驶形态。

驾驶姿势对运动有多大影响？回答是全面、根基性的：表现在重心、技术动作、衔接、体能、安全等方面，可见其举足轻重。因此，对两轮摩托车越野运动驾驶姿势，应有充分的了解和足够的重视。但是也要认识到这种影响力产生的功能是间接性的和服务性的。

二、驾驶姿势的意义

（一）驾姿的建立即是重心的确立

坐姿中有上肢双手握车把的接触部位、臀部坐在车座上的接触部位、下肢双脚赛靴在车脚蹬上的接触部位5个固定接触点。蹲站姿中有上肢双手握车把的接触部位、下肢双脚赛靴在车脚蹬上的接触部位4个固定接触点。以上所有接触点都形成驾驶姿势重心所需力的支撑点。

但是以上仍不足以保障重心的定位，还需坐姿与蹲站姿中上体适度的前倾弓背弯腰协助；应急性的双膝紧贴油箱的接触点"软支撑"帮助；双手握车把，双脚在脚蹬上，臀部坐在坐垫上等准确位置定位的众多辅助。不仅如此，另需上肢适度的腕关节、肘关节、肩关节和下肢的踝关节、膝关节等得力的关节角度配合，相关部位合理的关节活动范围的助力，共同完成驾姿的建立、重心的确立。

简言之，有了各接触点的强支撑力，上体前倾弓背弯腰所赋予的平衡调节力、接触点位置的辅助力、关节角度及其活动范围的增强力等综合力，保障了重心的稳定。

（二）驾姿对障碍的技术动作产生重大影响

众所周知，摩托车越野运动是通过车手驾驶运动型或竞赛型越野摩托车，在车上运用专项的技术动作通跃障碍实现的。因而，驾驶姿势就成为实施一切障碍技术动作的起始体态，换句话说，所有障碍的初始技术动作是由驾驶姿势引发而出。规正的驾驶姿势造就了模式化的驾姿形态，而模式化的驾姿形态，能够孕育出规范化的障碍起始技术动作。两轮摩托车场地越野运动的驾驶姿势，体现得尤为突出、鲜明。

1. 通过所有障碍的动作都源自于驾驶姿势

通过不同种类的弯道、土坎跳跃、车辙沟、起伏路、上下坡等障碍，采取不同的坐姿和蹲站姿，都发端于上一障碍结束时的驾驶形态，而坐姿和蹲站姿中相关的人与车接触点位置和各关节角度，又成为将通过障碍的起始准备动作，它们表现出在运动中的延续性。以上体现了驾驶姿势与通过障碍时的起始驾驶形态及技术动作之间的"亲缘"关系。

2. 模式化的驾驶形态，能够为通过的所有障碍引导出规范的起始技术动作创造条件

如果建立了模式化的驾驶形态，对每个车手就是基本建立了正确的驾驶姿势。在通过不同种类障碍时，用不同的坐姿和蹲站姿，其各自上下体肢的形态都是相近的。用同一坐姿通过的弯道障碍的左与右转弯，同一蹲站姿以跳跃方式通过的坎、台、上下坡、起伏路等障碍，虽都有各自的技术动作要领，但在开始做动作时，上体肢的形态都是相近的，为提供通过一切障碍出现规范化起始技术动作创造了必要的条件。越野中的各种障碍，如路面障碍类的土质与沙质、水与泥泞，地形障碍类的弯道、车辙沟、起伏路、上下坡和跳坎等，通过时虽然都有各自的技术动作要领，但是模式化的驾驶姿势，强势引导初始技术动作的规范。

规范化的障碍技术动作广泛体现在，满足通过障碍时起始技术动作中的需求，在支撑点上的准确位置、所需部位得力的关节角度、轻灵的用力等，引导出正确的运动方向、捷径的路线，为通过各种类障碍提供及时和充足的准备条件，节省了准备动作所需的时间，优化了动作部位的幅度、力度、角度等。从而大大简化了动作的调整，保障了障碍的技术动作质量。

相近的驾驶形态成就模式化的驾驶姿势；模式化的驾驶姿势奠基了规范化的障碍起始技术动作。

（三）正确的驾姿促进高效的衔接

1. 短近的路径衔接

驾驶姿势只有两种——坐姿和蹲站姿。姿势的转换不外乎坐转蹲和蹲转坐，其转换主要体现在车上，通过不同程度的身体移位来完成的。原驾姿中合理的上下体肢形态，适宜的准确的人车接触位置，适度的相关的关节角度等，为转换驾驶姿势指引正确的路线走向：以上下纵向的移动为主，横向移动为辅，基本无曲线，近似直线的简捷的上下移位，是相对简单短程的运动，减少了移动距离，节省了高速运动中宝贵的转换驾姿的时间，利于衔接。

2.无缝的技术动作衔接

无论是地形性的弯道、坎（含平台）、车辙沟、上下坡、起伏路，路面质地性的土、沙、水、泥等障碍，通过时姿势在相互转换中，在建立正确的驾驶姿势引领下，通过障碍的开始阶段，其上体肢形态是相似的。形态中内含的技术动作部分：人与车各接触点的位置，人体双手臂的各关节角度，躯干的弓背弯腰角度等也是相近的。技术动作虽因不同障碍需做微小的调节，但并不是质的改变，因此有利于衔接的紧密性，它是一次无缝的衔接。

3.稳健的重心衔接

（1）同一种驾驶姿势，通过不同种类障碍时重心的衔接

左右相互的转弯都是以坐姿通过，要做出左右倾斜的调向，变化了左右不同的重心。已确立的驾驶姿势的外形框架，固定了双手臂握车把的支撑，因此左或右转弯中的上体驾驶姿势能够基本保持，如同保护伞一样，可保障适宜的双手握车把位置、臀部坐在车垫上的位置、双手臂适度的外展、适合的弓背弯腰程度等基本不改变，或只有微小的调整。通常左和右转弯的前后重心位置无需变化，虽有重心左右的大改变，但是它破坏不了能稳定地进行左右转弯时的重心转换。

坎、平台、上下坡、起伏路等障碍都以蹲站姿通过。它们相

互之间，在通过中有不可避免的前后重心移动衔接。但是正常情况下，手加减速时握把位置无需变动，双脚在脚蹬上的位置同样无需移动。在重心的前后移动中，继续保持已建立的坚固的驾驶形态框架，可起到限制或有限度的前后移动范围：不会出现失控或过度的双手臂腕、肘、肩等关节角度，双腿膝、踝关节角度的伸展而不能及时的回位。以上通常情况下，不存在左右重心移动的衔接，从而保障了蹲站姿下前后重心稳健的衔接。

（2）不同驾驶姿势，在通过障碍时相互之间的重心衔接

在坐姿与蹲站姿相互转换时，必然引起上下重心的改变。但是建立起的模式化的驾姿，因路线捷径，所以能引导身体的上下斜后方"轨道"式路线移动，既缩短了上下重心移动的距离，又缩减了衔接时间，更能促进转换后衔接的重心一次到位，体现出稳健的衔接。

（四）正确的驾姿能够显著地节省体能

从以下几个方面体现：

1. 手臂

在不间断的频繁加减速中，右手恰当的握车把位置，小牵动或微动前臂，能减消长时间的前臂用力，避免前臂肌肉很快僵硬导致的拧不动油门转把、握不住车把等常见的痛苦又危险的现象。

2. 肩臂

在确定了双手臂适宜的握车把位置、适度的各关节角度后，

当人与车遭遇地形障碍的冲击力，车手本身操作失误而产生的阻力时，不仅能够减轻双手握把的挺力，还能排除前臂成为终端的受力部位，而且让力顺利地由前臂至上臂传递到肩，最终由强大的肩部关节和肌肉群抗衡阻力，充分利用全臂的力量，极大地缩减了局部臂力的负担。

3. 重心

正确的驾姿可赋予稳定的重心，在运动中能避免身体位置过大、过多的不应有的移位，从而显著减轻体力的消耗。

4. 衔接

正确的驾姿可使衔接顺畅，减少大量多余的动作调整。封闭场地的跑道中，每两个障碍就有一次衔接动作，一圈中有数十次的衔接动作，一场比赛有几百次的衔接，如果每一次都能减少不必要的动作调整，就会大大地节省体力消耗。

（五）正确的驾姿可以提高运动的安全性

以上陈述的正确驾姿的多种作用，无疑最终能降低运动中的失误与摔跤，减少车手的受伤几率，运动中的安全性必然随之提高，驾驶安全得以很大程度的保障。

然而必须指明，驾驶姿势为运动所需而立，为本项目运动的特点而为。驾驶姿势虽不是如速度、技术直接影响运动成绩的因素，但是它为通越障碍提供全方位的基础性服务，这种服务功能展现出巨大的能量：

A 从时空上看，驾驶姿势一刻不停地伴随于运动中。

B 从障碍上讲，驾驶姿势自始至终影响所有障碍的通过。

C 从技术动作上说，驾驶姿势深刻地关联每一个通过的障碍动作技术。

因此可以毫不夸张地得出，驾驶姿势对于两轮摩托车场地越野运动具有全局性的作用！

车手怎样建立、检验和调整驾姿？应当先选择在静态下进行，有其必要性、可行性和有效性。

三、在静态下建立驾驶姿势

（一）必要性

初建驾姿必须树立正确概念，了解结构，注重细节。静态下建立适合自己身高、坐高的驾姿形态模式，它是运动前的"先知先觉"和必要的"彩排"。如果寄托在运动中建立驾驶姿势，车手现学与教练"现卖"，在短期内建立起正确的驾姿非常难。

（二）可行性

在静态中极简单的条件下，就能建立起运动中所需的"标准"的坐姿和蹲站姿，同时可以进行检验和调整。

只需有一辆能停放平稳的赛车，无须其他设备、设施和工具辅助。

只要一块能容纳教练和车手极小活动的面积，平整的路面即可。

只有在静态下，才有充足的时间去建立、理解、调整和演练驾姿。

只有在静态下，允许教练和车手在无任何时间、地点限制地去沟通，反复商讨，解决驾姿问题。

（三）有效性

在静态下建立起的模式化驾驶姿势，可以复制到运动中的车上。其理由是：在静态下建立起的是有据可依，经过不同手段的检验，再通过纠正予以调整，证明是合理的、科学的驾驶姿势，并在长期的训练实践，通过各种障碍中得到证实。

四、驾驶姿势的建立、检验和调整

（一）驾姿的建立

人在车上接触的支撑点、接触点的具体位置、相关部位关节角度3个驾驶的结构要素共同筑起驾驶姿势。

1. 人与车的接触支撑点

A "硬" 支撑

坐姿中：双手与车把、臀部与坐垫、脚与脚蹬5个接触点，蹲站姿中：双手与车把及双脚与脚蹬的4个接触点，它们是实施障碍技术动作的用力支撑点、抵抗障碍冲击力的支撑点、人体在车上的重力支撑点。以上所有支撑点力的合作，汇集为运动中保持人体的重心，维持身体平衡的支撑点。这些接触点是固定的（跳跃障碍时人车腾空，升空过程中，双脚不由自主地暂时脱离脚蹬悬空除外），持久力的 "硬" 支撑点，起着支柱性的作用。

B "软"支撑

当遇到危难时刻，另外还有应急性的支撑接触点：无论是坐姿还是蹲姿，双腿用力紧夹油箱，虽不是固定持久性的，但也能够起到临时性、应急补救人与车因剧烈颠簸失衡的"软"支撑力的作用。

2. 接触点的位置

指坐姿和蹲站姿中，双手握车把接触点、臀部在坐垫上接触点、双脚赛靴在车脚蹬上5个接触点的具体位置。

仅驾姿中的手、脚、臀等与车接触点虽是支柱性的支撑力，但仍显单薄，还需要双手握车把、臀部坐在车垫上、双脚赛靴在脚蹬上等恰当的位置所产生的辅助力的支持。

双手握车把的恰当位置，不但影响受力部位所承担的力的大小，还关系到受到外部冲击力时，力能否从手腕向手臂，最后顺利地传递到肩背部来分配受力点，能使手、臂、肩等发挥各自的力量，并共同承担受力。在通过跳跃障碍时，双手臂能够做出提与拉相结合的提拉车把的动作技术，并形成合理地向胸部提拉的斜上方向运动。

臀部坐实在车垫上的正确位置，能够承重坐姿时的人体重量，直接关联人体重心定位的准确性，影响上体的坐姿形态，牵连双手臂外展时腕、肘、肩关节角度运动中的变化及活动范围。

坐姿时双脚赛靴是钩挂，而不是踩踏车脚蹬，正常运动状态下可避免无畏的用力，并致使臀部虚坐在坐垫上，削弱臀部与车接触点的承重力。

蹲站姿中双脚赛靴是否站在车脚蹬上的中心位置，运动中很大程度上影响重心的前或后，波及承重人体重量多与少。

所有接触位置的准确性，能够起到力的合理分配，增力和精确的用力等作用。

3. 关节角度

运动中相关的主要关节角度，包括上肢的双腕、双肘、双肩，下肢的双踝、双膝10个。

需了解，除已有的人与车接触点的支撑力、接触点位置的辅助力的情况下，当运动中通越障碍时，因技术动作的欠缺出现失误，产生强烈的冲击力，还需相关的各关节角度强力的支持。

如确立了最佳的各关节角度及适合的关节活动范围，可以最大程度地吸收能量，缓冲外来的冲击力；在实施技术动作时能产生轻巧的用力；能给予人与车各接触的支撑点和准确的接触点位置等强力的支持。在运动中起到卸力、给力、省力的重要作用。

建立了适度的上肢的腕、肘、肩关节角度，下肢的膝、踝等关节角度；上体适度的弓背弯腰的前倾屈后，在各准确的接触点位置配合下能体现出：

静态下蹲站在车上，即使双手不握车把的支撑，当腕、肘、肩、膝、踝及上体前倾屈等，相关的各关节处在适当的角度时，仍可承担人整体的重量，能够出现良好的重心，保持稳定的平衡，它表明关节角度的重要性。

运动中在蹲站姿下，当双手握车把位置、双脚踩踏脚蹬位置都恰当，如果上肢和下肢的各关节角度不对，重心是保不住的。只能依靠双手紧握车把，双膝紧夹油箱，费劲、暂时地保持住重心，但维持不了多长时间，若体力消耗殆尽，会出现前后大幅度的晃动引发失误摔跤。它也能说明适度的各关节角度的重要作用。

各接触点支撑力、各接触位置的精准辅助力、各适度的关节角度增强力、应急状态下的双膝紧夹油箱的夹力，这4股硬固定（接触点）与软固定（夹力、位置、关节角度）的力量，汇聚在一起形成强大的合力，从而在运动中保障了规正的驾驶姿势，稳定了运动中的重心。

以上驾姿结构的3要素，牢固地筑撑起了坐姿和蹲姿的模式化驾驶姿势。从静态下建立起的驾驶姿势是否模式化，在运动中通过不同类障碍时，就能够判断出能否在障碍的起始阶段引导出规范的技术动作。

（二）驾姿的检验

检验的目的是查出驾姿的问题。只有在静态下，教练通过某些手段对驾姿进行检验。运动中教练只能通过眼睛视检，只有停车后用语言和人为手段检验印证。静态下检验驾驶姿势有两种方法：

1. 视觉检验

头部的位置、双手握车把的位置、臀部在坐垫上的位置等，教练目测能直接发现问题。

2. 教练用简易的肢体手段检验

无需准备工具或设施，教练用"动手动脚"的方式检验出问题。手推车手上体的正面或背面，脚端车前轮的左侧和右侧，这种极为简单的方法，即可准确检验出双手握车把位置、臀部在坐垫上的位置、双脚在脚蹬上的位置、上体弓背弯腰前倾度、上下肢各关节角度等问题。检验的衡量标准：通过能否保持整体位的重心平衡的验证，达到检验目的。

需注意的是，必需整体性地予以检验，才能鉴别及体现出检验的效果。

（三）驾姿的调整

调整的实质是经过检验，查出驾姿的缺陷与错误，通过纠正后解决问题的过程。纠正以坐姿与蹲站姿各自人与车接触点的适宜位置、适度的相关关节角度为标准（下面具体到以定性为标准的模式）。调整可以在静态下实现，但最终要通过在运动中完成实效的调整。

1. 静态下的调整

能做到全面到局部，重大到细小的调整。

A 有充足的时间，教练可全面地讲解、深刻地分析检验出的问题，牢固树立车手对驾姿"标准"模式的认识。

B 可以从容不迫地逐个修正每一个问题环节。

C 能够静心的、无遗漏的，调整一些细小的难以在运动中发现的问题。

2. 动态中（运动）的调整

应清楚地认识到，运动中通过每一个障碍，实施各种动作技术时，有速度的增减、技术动作的改变、重心或大或小的移动。一圈封闭的路线中，有数十个种类不同的障碍，上百次的通过，必然会频繁地影响、干扰、冲击和破坏驾姿，车手必须做出迅速、及时的调整应对。运动中的纠正要依靠车手强烈的自我意识、切实的体验；更要求教练细心观察、精准的指导后，纠正错误解决问题。但是有些复杂的技术动作引起的驾姿问题，需要经过反反复复的纠正调整，才能够彻底解决问题。调整不是一朝一夕能解决的，需要较长的时间。

运动中的调整有两种情况：

第一种为"正常调整"。指静态下建立了正确的驾姿，在通越障碍实施技术动作时，驾姿必然发生正常变化：以坐姿通过左右转弯中重心的左右转移，坐姿与蹲站姿相互转换时，体位有大幅度的上下移动，其他如接触位置的微动、弓背弯腰幅度的微调、关节角度的微变，都是在正常范围内进行的，它能沿着正确驾姿所引导的"轨道"运行，以上的变化，仅是动作循规蹈矩的延续，不是根本性的质变。

第二种是"纠错调整"。如操作动作错误、运动技术欠缺等，经不起运动中的冲击折腾，引起对位置、关节角度和重心的干扰破坏，从而改变了正规驾姿，这种调整难度相对大。运动中可通过以下方式的调整：

（1）车手在车上自觉的调整

训练中在通过某些障碍时，车手会敏锐地感知某个与车的接触点位置有偏差，无需教练指导，能自觉地在行驶中调整位置。譬如，加速时右手握油门车把位置偏低，常见车手自我的由低位往高位倒一把手位，为的是能做出全油门的加速。有时能看到运动中，车手自觉地向前或向后移动臀部在车座上的位置，这是在自我调整坐姿重心，以适应通过障碍时的要求，力求更高速的通过障碍。

（2）教练指导下的调整

在高速度、高度紧张的状态下通过障碍时，车手的注意力往往集中在障碍和技术动作的实施上，难以顾及驾驶姿势的问题，这时常需要教练的提醒与指导。在训练场上，赛车大马力发动机会发出高分贝轰鸣声，此时教练用喊声指导车手是听不见的，只能用不同的方法，告知车手具体的调整部位。

① 不停车的调整

运动中教练可用手、脚或身体某部位的形象动作，传递给车手指导调整驾姿，实践证明有效果。

② 短时暂停训练的调整

对车手长时间形成的错误驾姿，或会引起重大失误的某些驾姿问题，教练迫不得已只能叫停训练，简明扼要地指出问题，当场纠正调整。

③ 训练中灵活运用动、静（不停车与停车）相结合的方法进行修正调整，效果更佳

在后面具体的坐姿和蹲站姿调整中，不可能举全运动中各种原因引起的变化和导致出现的问题，更加难以列举全运动中千差万别的现象。只能选择出现在运动中某些典型、常见的现象，提出调整。

下面分别解析坐姿和蹲站姿的建立、检验和调整。无论坐姿还是蹲站姿都必须先从静态下建立、检验和调整，然后驾姿从静态"移植"到运动中，树立起动态中的驾驶姿势，并在运动中对其进行印证和调整。

有必要先对车手的身高范围予以划设。划设车手的高度在1.65～1.78米，这样的身高范围，驾驶时能避短、有优势，在两轮摩托车越野运动中常见，并且是多数，其目的是为找到一个具有普遍性的、能在适合划设范围内的车手，建立起模式化的驾驶

姿势。谋求虽达不到准确的量化程度，但能够成为定性的标准。

五、坐姿的建立、检验和调整

（一）坐姿的建立

坐在车上需要依次确立：上体肢的双手握车把位置，双手臂腕、肘、肩的关节角度，上体弓背弯腰的前屈压，头部位置，下体肢臀部在坐垫上的具体位置，脚在脚蹬上的位置，膝关节的角度等。这样的顺序步骤，避免"无功"而反复，促使尽快地建立起坐姿的定位。

1. 双手握车把位置的建立

适宜的双手握车把位置，不仅自身产生作用，而且关联手、臂、肩等部位及关节角度，可以正常发挥各自作用力的位置点。

（1）定位（图2-4）

无论身高与坐高的差异有多大，握车把的位置通常不要低于车把顶端的水平线位。握把与车把顶端的水平线之间形成了一个夹角，从规范性要求至少不低于5°，左手与右手握车把的位置一致。

图2-4

（2）作用

A 正确握车把位置，不仅可以助力双手握车把的支撑力，减轻运动中薄弱的手部及腕关节的用力，而且能够发挥肩臂部位及其中的肘、肩关节的整体力量。

B 正确握车把位置，做加油门动作时能少牵动前臂，不带动上臂，不改变或少改变肘、肩的关节角度及外展幅度，更没有扯动上体而侧倾斜，从而保持了正确的驾姿，以利于通过障碍时出现规范的技术动作。

C 正确握车把位置，能做出轻松、迅速的全油门加速动作，充分发挥赛车的动力，使之瞬间出现高速。

D 避免因手握车把位置过低，在频繁的加油门中，牵动前臂长时间用力，致使经常发生前臂肌肉酸疼、僵硬、握不住车把的窘境。

E 正确握车把位置，在加油门的同时，能够帮助双手臂轻快地顺带车把，做出指向胸部的提拉车把带起前轮的标准技术动作。

2. 上肢双手臂各关节角度的建立

适度的腕、肘、肩等的关节角度能最大限度地与手、臂、肩部位共同承担受力与用力。

（1）定角度（图2-5～图2-7）

A 在确定双手握车把位置后，双手臂自然外展，不耸肩。

B 依据个人身高、坐高的不同，腕外关节角度建立在约160°～180°；肘关节角度建立在约100°～130°；肩关节角度建立在约60°～80°。

图2-5

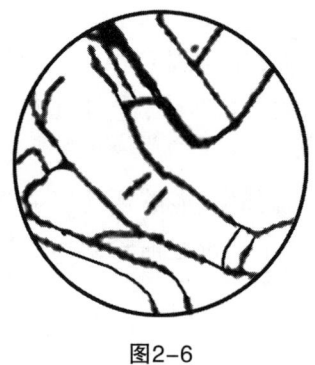

图2-6

图2-7

C 双手握车把位置、双手臂外展后的各关节角度定位，以在加油门中能否做出轻快的提拉车把为准。

（2）作用

A 增强双手握车把接触点的支撑力，减轻腕关节的受力。

B 适度的腕、肘、肩等关节角度及其合理的活动范围，运动中当遇到路面障碍的撞击时，能最大程度地吸收动能，缓解冲击力，从而减轻手、前臂、上臂、肩等关节部位各自的受力。

C 能发挥出手、肘、肩等部位的各自力的最大值并形成与双手握车把最佳的合力，做出轻快的提拉车把，从容应对颠簸的起伏路和跳跃障碍的快捷起跳。

D 能使外来冲击力顺畅地由手传递到前臂，经上臂最后至肩部，合理分配冲击力的能量，最终由肩部的强大肌群力量抗击外来的冲击力，实施技术动作的用力。

3. 上身前倾屈体的建立

应当引起重视的中枢运动部位。

（1）定位

适度的上体弓背弯腰前屈压。

A 上体略向前倾压，在静态下要求车手以像坐沙发一样的懒散状态落坐在车上，臀部可产生坐压车座的效果。

B 自然地含胸收腹、弓背弯腰，前倾角度约在150°~170°。

C 在腰背松弛的状态下，臀部与坐垫形成了不可忽视的小于90°的夹角。

（2）作用

A 因弓背弯腰，扩展了上体与车把之间的活动区域。

为上体前后运动活动范围腾出充足的空间。当双手臂外展时，为肘与肩关节伸缩活动范围提供足够的调节空间。

B 因弓背弯腰，促使臀部自然下压而能实坐在车的坐垫上。

坐实后有效地承载了上体的重量，使已选定的所坐位置牢靠地"固定"在车座上，稳定了坐姿与重心。

当转弯中，在弓背弯腰的状态下再使力，重压臀部实坐在车座上，可强力压缩车后减震器，强化压迫后轮，增加与地的接触面，最终达到增强轮胎的抓地力，利于高速中稳定、顺畅的侧滑转弯。

C 适度的前倾屈体，可以合理地平衡上下体肢运动及重心的调整。

4. 头部位置的建立（图2-8）

头部位置的建立对初建坐姿是不可忽视的一个环节。

（1）定位

图2-8

A 常态下头部略前倾，其下颌与颈部形成接近90°的夹角，基本能平视近远方。但在通过不同的障碍时，对视线的要求稍有差别，头部位置也略有调整。要避免持续低头盯看近距离障碍的短视，在上坡障碍中需要抬头远望，以眼睛能看到障碍的顶部为准。

B 常态下颈部应保持适度的紧张。

（2）作用

A 头部常态下适度的紧张，能对头部起到"软固定"的作用。避免头部受到过度震动，防止头、颈受伤，并保持头部位置。

B 避免低头紧盯前轮近方的短视，造成不自觉的回油门而贻误速度，在快速中来不及做出应对后续障碍的准备动作。

5.坐姿位置的建立（图2-9）

适合的臀部坐姿位，是车手体重的直接承重支撑点、重心的定位点。只有车手坐对位置、坐实位置才能真正起到上述作用。

图2-9

（1）坐对位置

① 定位

A 车座虽短也可概分为前、中、后3个位置，车手依据自己的身高、坐高选定偏前、偏中或偏后的位置。

B 选坐的位置合适与否，以双手臂是否能自如的外展及外展时腕关节、肘关节和肩关节角度是否适度来衡量（后述的检验可鉴定位置）。

C 双脚赛靴只是挂靠在脚蹬处，常态下处于无力放松状态。

② 作用

A 臀部能否坐在车座适合的位置，它直接关系坐实座位与重心的定位。

B 影响上体驾驶姿势的形态，并波及双手臂外展的各关节角度定位。

（2）坐实位置

① 定实位

A 选定位置后，上体前部自然收腹，后部腰背放松，呈弓形。此时臀部与坐垫形成小于90°的夹角。

B 双脚赛靴只是挂靠在脚蹬处，常态下处于无力放松状态。避免因双脚用力蹬踏脚蹬，牵动腿部用力，有的导致腰背挺直，臀部抬起而虚坐在坐垫上。

② 作用

A 臀部与坐垫之间，不起眼的小于90°的锐角，表明落座时，能产生的自然下压力。在弓背弯腰状态下，如再通过臀部向下压的使力，从而可增强实坐在车座上的效果。

B 坐位的虚实主要决定坐的位置是否牢固，虚坐不能完全承载人体重量，实坐在座位上能稳定坐位。

C 在动态中臀部也不会轻易被迫前后移动，促进人体重心的稳定。

6. 下肢双脚位置及膝踝关节角度的建立

它们既是坐姿的一个落脚点，又是辅助性的保持坐姿重心的支撑点。

（1）定位（图2-10）

A 双脚用赛靴后跟前沿挂靠在脚蹬处，脚尖朝下，脚底与脚蹬形成小于90°的夹角，正常情况下处于轻力放松状态，防止常态下有害的用力脚踩踏脚蹬，致使臀部虚坐在坐垫上而失去实坐稳定重心的效果。

B 双腿膝关节内屈，夹角小于90°，轻贴油箱。运动

图2-10

时处在能自由的前后滑动状态。运动中可随时准备，在紧急的状态下用力夹紧油箱，辅助保持坐姿时的重心。

（2）作用

运动中当人与车瞬间遭遇强大冲击时，双手臂在车把上的支撑力、臀部在坐垫上的坐力不足以支撑驾姿时，此时可借用双脚向斜后方向用力地蹬踏脚蹬以及双腿紧夹油箱的应急用力，协助维持坐姿位置与重心。但是这种配合是短暂、临时性的，不能成为常态化的支撑点。如果常态化的腿脚用力蹬踏脚蹬，会牵引腰背部的挺直用力，牵动臀部不自觉的抬离坐垫，实坐变虚坐，失去稳定的坐姿支撑及重心的作用。

归纳坐姿的定位：它依靠双手握车把，臀在坐垫，双脚在脚蹬上的5个固定支撑点；滑动的双腿贴靠油箱的两个非固定支撑点；适宜的5个固定支撑点的位置；适度的双手臂的腕、肘、肩、上体屈弯，双腿的膝、踝等11个关节角度的共同协助，建立起了静态下的定位，与动态中（运动）调整后的维护。需要指出臀部在坐垫上的准确座位与实坐，是坐姿支配性的定位。

（二）坐姿的检验

检验在静态下进行。检验也要依次按坐姿建立的顺序为好。

不少新车手不在意或不知道找对手握车把的位置、找准坐姿的位置、找好各关节的角度的作用。往往出现双手过低握车把位、偏前或偏后坐在车座上、双手臂握把时外展不够、双脚无益有害的蹬踏脚蹬等，以上这些缺失可以在静态下，通过用眼、手、脚等简单易行的手段来检验发现问题，并予以印证，其"达标率"很高。

1. 双手握车把位置的检验

有经验的教练根据车手的身高或坐高的差别，用眼睛能识别双手握车把位置妥当与否。如果用人为手段检验，更为直接明了。

在静态下教练站在车的左侧或右侧方，用脚力蹬踹前轮，此时车手会正常做出紧握车把并连带双臂、肩用力抵抗的反应，其结果：

A 前轮只是微小晃动，表明手握车把的位置合适。

B 如果手握车把的位置不妥，会出现手与车把在水平线方向上，推与拉带动前轮向左或右大幅度摇摆晃动。

C 需要指出此种检验还与所坐的位置与双手臂关节角度相关。

2. 上肢双手臂各关节角度的检验

在已经做到双手握车把正确位置的前提下，因车手身高、坐高、臂长的不同，用眼睛观察难以检验各关节角度，需用人为手段检验。

A 教练站在车左侧或右侧方，脚用力蹬踹前轮，车手双手臂用力紧握车把：

前轮只是小晃动，表明腕、肘、肩等关节角度合适。

前轮左或右摆动大，表明腕、肘、肩的任何一个关节角度出现问题：腕关节角度过小、肘关节角度过大、肩关节角度狭窄等，都形不成有效的抵抗力，才会产生剧烈摆动。

B 教练站在车前方或后方，用手推车手的上体正面或背面，若车手轻易大幅度的后仰或前倾，表明肘关节角度过大或过小或肩关节角度过小。

以上两种手段都可使用，需提醒，双手握车把位置和双手臂腕、肘、肩关节等角度相互关联紧密性强，检验中可细致地分开各关节角度，用同样的手段进一步地分别界定，达到准确地检验出每一个关节角度问题的目的。

3. 上身前倾屈体的检验

"庞大"的上体身躯很醒目，一眼便能知晓，检验出上体前倾时的胸腹有没有自然的含收，后部的腰背有没有呈弓弯下的松弛，臀部与坐垫有没有随之形成小锐角，可不再用其他手段来检验。

4. 头部位置的检验

不少车手坐在车上，常出现低头近看离前轮不远的地方、抬头紧绷头颈的现象。在静态下无需任何手段检验，教练用眼睛轻易就能观察到。

5. 坐姿位置的检验

在确定了以上位置、各关节角度的前提下：

（1）用眼睛观察

用眼睛观察双手臂各关节角度在外展中是否到位，可识别臀部所坐的前、中、后位置是否合适。

① 臀部坐姿位偏前出现的现象

A 上体易挺胸、处在紧张僵硬的伸直腰背状态，形成缩减肩关节现象，致使削弱肘关节的缓冲和抗击力。

B 采用上体夸张的后仰，不可能实现有缺陷的双手臂外展中各关节角度的到位。

② 臀部坐姿位偏后时出现的现象

A 双手臂外展时，肘关节角度过度伸展成接近180°的平角，致使无缓冲及抗击力。同时肩关节角度异常变窄，成为无伸缩功能的接近直臂的状态。

B 错误的用大幅度的上体前倾，换取达不到效果的双手臂各关节角度的"正常"外展。

（2）用手检验的方法

① 臀部位置偏前的检验

教练站在车的前方，从前面手推车手的上体位，会轻易出现大幅度的后仰。

② 臀部位置偏后的检验

教练站在车的前方，从正面手推车手的上体位，会轻易出现后仰。

6. 下肢双脚位置及双膝踝关节角度的检验

教练如果直观看到，车手做到：脚尖自然朝下，双脚赛靴后跟钩挂在脚蹬上，膝关节较大幅度地屈缩，远小于90°，踝关节角度远大于90°，在静态下无需其他方法和手段来检验。

（三）坐姿的调整

在检验中发现问题后，按照教练的指导，以定性化的数字标准加以纠正。然后再次检验，直到人体不再前后晃动，车前轮不再左右摆动为止，表明纠错完成，调整结束，驾姿达到模式化。

这种静态下驾驶姿势前置性调整，应遵照文章前面所阐述的驾驶姿势的标准，能够直接为运动中的驾姿树立正确的模式。

1. 静态下坐姿的调整

头部位置。教练用言行直接指导车手纠正到位即可。

双手握车把位置，腕、肘、肩等关节角度。教练采取用脚蹬踹车前轮左侧或右侧的手段后，通过不断地修正位置和各关节角度，直到车前轮不再晃动，表明调整到位。

上体前倾屈弯，双膝、踝关节角度，臀部位置等。教练用手推车手上体正面和背面，上体前倾屈弯，双膝、踝关节角度不断地伸展与收缩，臀部多次的前后移动，直到上体不再后仰和前倾，表明纠正到位。需要提醒，臀部位置和双手握车把位置，腕、肘、肩等关节角度相互牵连，在调整时要综合考虑。

2. 运动中坐姿的调整

以下从身体的一些部位出现的问题现象，采用某种方法、手段予以纠正调整。

（1）头部位置的问题

① 低头近视现象及调整

运动中车手出现低头近看眼前障碍的现象，发现后不必叫停车。场地中教练用形象的抬头动作提示，车手能看得清，即刻领悟并做出抬头远视来调整。但是不少车手往往因担心看不清眼前障碍的心理作用，形成习惯性的低头，这种情况要彻底纠正，尚需时日。

② 紧绷头颈现象及调整

紧绷头颈是初级选手的紧张表现，只要教练经常性的提醒，通过一段时间的训练，车手会自觉地放松调整颈部。

（2）上身躯干的问题

① 很多车手在运动中出现挺胸直腰现象

认为挺胸、绷直腰背，可发挥上体躯干力量的最大值，并能支持双手臂握把的支撑力，抵抗因操作失误而出现的阻力及外部的地形、地面带来的冲击力，这是错误的认识。竞赛用摩托车功率都在几十匹以上，人自身的力量根本无法抗衡。两轮摩托车越野运动需要的是操作技能。运动中必须的用力，是借车的动力再把握准确时机，用的是一种巧力。挺胸直腰非但帮助不了克服阻力，反而会引带臀部抬起，与坐垫形成不该有的90°直角，虚坐在车上，后轮轻飘，引起强烈的颠簸，更不利弯道的通过。

② 调整

教练用五指并拢向前弯曲的手势，或者自身前倾屈体，示意车手上体躯干要弓背弯腰，改变挺直腰背的状态。尤其是在转弯中，挺直腰背难以转出小半径弯道、持续规律的侧滑转弯技术。当调整成弓背弯腰能实坐在坐垫上时，不仅能称心地转出所需的半径弯道，而且更能做出长距离稳定的侧滑转弯。训练实践告诉我们，车手挺胸直腰的习惯比较顽固，只有车手真正体验到两种不同的上体形态所出现的截然相反的转弯效果，通过一段时间的反复练习才可能扳过来。

（3）坐姿位置的问题

① 坐的位置偏前现象

A 人体重心随之前移。增大了对前轮的压迫，运动中当需要抬起前轮通过障碍时，前轮浮离地面困难。因紧贴地面的行驶阻力大，遇起伏颠簸路面难免车把方向会有晃动，甚至摇摆，可能发生摔跤。

　　丧失了后轮对地面应有的抓地力，转弯加速中经常出现后轮不规则的横扫滑动，做不出规律、均匀、平稳的后轮侧滑转向，影响理想的转弯半径，更重要的是减慢了转弯速度。

　　B 作为无动力的，起导向作用的前轮，转弯中本应该轻触或浮离地面，但因座位偏前压迫前轮，转弯中车倾斜时，前轮侧倾斜的局部接触地面，又无动力性的抓地力，因此前轮极容易横滑摔倒。

　　C 牵连腕、肘、肩关节角度缩小或过于增大，都会减弱双手臂支撑力。为弥补不足，有的车手用错误的耸肩动作保持适当的肘、肩关节的角度。但这样会牵动腰背肌群的紧张用力，限制了腰部的灵活调整功能。

　　D 错误采用上身后仰的方式，试图补偿因座位偏前而失掉适度的上肢各关节角度的正常作用。但是这种方式，挽救不了因偏前坐位，所失去的臀部能实坐在车上产生的车手重量力压后轮减震器，转弯加速侧滑时能加大轮胎对地面的抓力的作用。

　　E 坐位偏前，不易放车也放不下车，小半径转弯速度也出不来。

② 坐的位置偏后现象

　　A 致使双臂伸展过度，肘关节几乎成为直角，既失去足够的伸展范围，又减弱了缓解冲击力的作用。双手臂趋于直臂状态下，当前轮遭遇阻力时，形成一只手臂拉车把，另一只手臂推车把的前推后拉的错误动作，导致前轮晃动无法正常操控车辆。

　　B 收窄了肩关节角度，降低了肩关节应起的强大支撑力作用。

　　C 错误地采取加大上体前倾压，来弥补因座位偏后各关节角度不到位的缺陷。但也同时带来了不良后果，加速中臀部会不由自主地滑向后方，更加偏离正确的坐位。

D 坐位偏后，内侧腿伸出不仅困难，也不到位，而且限制了转弯中伸出内侧腿的高度、左右摆动的活动幅度，消弱了在转弯中倾斜车辆时伸腿应有的调节平衡作用，

③ 调整

A 自我调整。当位置发生变化，重心则出现改变，加速中重心不在位而失掉平衡，只能被迫回油门减速调整。此时，一味地加速只能靠力量硬抗，持久不了。在运动中出现这种现象，车手自我感觉是明显的，我们会看到车手在座位上，不断地前后移动所坐位置，其实不停地自觉及时纠正所坐位置，实质是调整重心。

B 教练指导调整。车手如果自我意识不强，在运动中感觉不出问题，就需要教练帮助指导，运动中教练可用手语指向自己臀部提示，用臀部前后移动的动作形象比喻，车手通常会领悟而及时调整，都无效时，再停车指正。

运动实践发现，坐姿的位置在运动中无论是车手的自我意识或教练的指导，相对蹲站姿容易发现，也能比较快地调整和纠正，其道理是：

车手与车接触的双手、双脚及臀部形成的空间，与握、蹬、坐的3种支撑方式相互配合，定位牢靠。运动中所坐位置被破坏的程度小，调整也小。

即使在激烈的运动中，无论是主动还是被动的位置改变，因坐垫的长度有限，臀部能前后移动的地方不大，另外几乎没有横向的左右移动，因此调整小而少。

（4）双手握车把位置的问题

① 握车把位置偏低现象

A 常见不少车手握车把位置偏低，错误认为手低于或平行于

车把两端水平线的握车把方式，能加强双手臂抵挡外来的阻力。其实不然，低位握车把缩小了肘关节角度，会失去利用肘关节部位的缓解冲击力，更严重的是低位握车把，缩减了肩关节角度，严重削弱肩关节部位强大的支撑力。

　　B 握车把位置偏低，时常能观察到有的车手在加大油门时，牵动前臂动作过大，更不必要地带动整个手臂，致使上半身向下并向右侧倾斜，引起驾驶姿势变形，来不及复原进入下一障碍前的正常驾姿。

　　C 总是做不出全油门的加速度，特别是完成障碍后，手臂也低于油门转把的水平线，继续加油门的余地不多，不可能提高驶离完成障碍的速度，也影响提高进入下一障碍的速度。

　　D 当遇到外来冲击力或路面颠簸时，手握车把位置偏低，降低了本是弱力的手腕部位的抵抗力，手臂只能出现前推与后拉车把的无力抗拒，前轮会出现左右摇摆的现象，影响正常前行并伴随危险。

② 握车把位置过高现象

　　在正常操作中很少见。如出现此现象，会对障碍带来的冲击力毫无抵抗能力，极易脱把，上体会猛然冲向前方撞击车把，甚至会发生人体颠起从车把前飞出的危险。

③ 调整

　　训练中发现，低位握车把现象不是少数，此习惯性的握把还很顽固。车手加不出全油门，速度出不来，加油门时带动上体变形的表象明显，毛病似乎很小，其实是大问题，会带来诸多弊病，要及时地指出纠正。教练只要注意就能观察到手握车把的位置问题。当车手在骑行中，教练可形象地模仿手低位握把的动作，并配合用摇头表示动作错误。车手能明白无误地看到并当即调整。我们也会经常看到在运动的过程中，车手右手会不时地在油门握把的位置上倒把，表明已意识到握把位置问题，也能自觉地及时调整。

（5）上肢双手臂各关节角度的问题

① 腕关节角度问题

A 手腕外关节角度大于180°的握把现象，通常不会出现（在跳跃障碍中，当车辆滑降时，为落地能有饱满的全油门加速，会出现暂时大于180°的过度握把准备）。

B 手腕外关节角度过小现象，与握车把位置过低有着相似的缺陷：抗阻力作用弱小；加速动作受限，油门加不到底，难以做到全加速；加速中不必要的带动整个手臂，错误地牵动右侧上体向下屈压，影响双手臂的正常技术动作。

② 肘关节角度问题

A 肘关节角度过小现象。

肘关节屈缩大，缓解冲击力受限，抗冲击力不足，会发生上体猛然前倾压，严重时前胸撞击车把。

B 肘关节角度过大现象。

肘关节伸展受限，吸收冲击力能量受限，抵抗冲击力消弱，会发生上体猛然后仰而拉直手臂，驾驶失去操控力。

③ 肩关节角度问题

A 肩关节过小现象。

起不到肩关节及部位强大的支撑力作用。

做不出加速中有力地提拉车把的动作，只能是向后方拽拉车把，出现上体后仰，操作失控。

B 肩关节过大现象。

会引起耸肩，牵动腰背肌肉无需的紧张用力，使肩背肌肉僵硬，影响腰部的灵活调整功能，妨碍技术动作的运用。

失去有力地相结合的提与拉车把的功能，变成费力地向上拉车把的动作，而且动作行程又短，前轮抬离地面困难。

④ 调整

静态下在建立坐姿的过程中，能从容地逐个分别纠正，把腕、肘、肩等关节角度调整到位。但是在动态中，关节角度的调整困难得多，其原因是：

A 关节角度活动的幅度，相对臀部坐的位置和手握车把位置的移动大得多，调整复杂。

B 手腕关节、肘关节和肩关节活动时，它们相互牵连是联动关系，体现出其复杂性，增大了调整的难度。

C 在激烈的运动中，车手对上肢各关节角度的变化与定位的自我感觉差，教练也不是一次就能观察到、分辨出属于腕、肘、肩等哪一种关节角度问题，因此调整不易。

以上表明，手臂各关节角度在运动中的活动空间大、变化多，在动态中难以在短期内发现问题，准确判断，调整到位。

（6）下肢双脚位置及膝踝关节角度问题

① 现象

A 双脚赛靴错误地垂直蹬踩脚蹬，引起臀部在坐垫上变成虚坐车位，加速中会不自觉地被滑向坐垫后方，坐姿重心偏后，尤其不利的是改变了上肢各关节角度，致使驾姿变形，妨碍正常操作。

B 常见双腿因膝关节角度大，迫使臀部落坐在坐垫的后方，此时双脚赛靴又近似垂直于脚蹬，而夹不住油箱，遇车辆剧烈颠簧时，容易被颠离坐垫。

② 调整

A 教练形象地做出抬起一条腿、脚朝下的动作，告知车手在车上要修正双脚赛靴在脚蹬上的位置。

B 坐姿中膝、踝关节的问题与臀部在坐垫上的位置直接相关，可通过移动臀部坐的位置，完成调整膝、踝关节角度。运动中教练可做出臀部前移的动作，示意车手臀部移动，即可改变不利的坐姿影响膝、踝关节问题。需要提醒的是，脚部位置及膝踝关节角度在转弯中往往被忽视，应给予注意。

六、蹲站姿的建立、检验和调整

蹲站姿在两轮摩托车越野运动中被广泛地运用。在高等级赛事、高水平车手参与、高难度障碍的比赛场地中，几乎所有的路面都是凸凹不平，起伏遍布；在坎、台和上下坡的跳跃障碍中，多数全都采用蹲站姿通过。

（一）蹲站姿的建立

车在静态下，需用车手把站在地面上建立起来的蹲站姿"移植"到车上。如果尚木建立起蹲站姿模式化的形态、蹲站姿中各接触点的正确位置，找对相关各部位的关节角度，找准蹲站姿的重心，指望在动态的运动中建立合规的蹲站姿，耗费的时间会很长。短期内建立起"标准的"蹲站姿势很困难。

跨上车，双脚赛靴站在立停稳妥的赛车脚蹬上，或双脚站在与车等宽间距的平坦地面上。

在车上要先确立双脚在脚蹬上的位置，再确定双脚踝关节的角度，然后依次确认上体肢的弓背弯腰前倾度、头部的位置、双手臂外展中的双手握车把位、上肢各关节角度等。此顺序步骤，能无反复尽快地找到蹲站姿中所有定位。

1. 下肢双脚位置的建立

当蹲站位置适当时，它们既是人体重量全部承载的支撑点，又是重心的准确定位点。

（1）定位（图2-11）

A 双脚贴靠在脚蹬内侧，用双脚赛靴中心部位垂直踩踏脚蹬。

B 脚在车脚蹬上呈水平状态，它表明踝关节在90°位置，这点非常重要。

（2）作用

A 此蹲站位能承载人体全部重量，成为蹲站姿时力的最强支撑点（有时跳跃是

图2-11

个例外，车升空时双脚可以暂时脱离脚蹬而悬空），又是通过起伏路、跳跃障碍开始起跳时最有力的蹬踏位。

B 正确的蹲站位是运动中保障整体蹲站姿势，调整到重心位置最重要的条件。

2. 下肢膝踝关节角度的建立

膝、踝关节角度，不仅影响双脚站在脚蹬上能否全部、有效地承载人体重量，也是重要的事关人体蹲站时的前后和上下重心

的关节角度。

（1）踝关节角度

① 定位（图2-11）

A 应先于膝关节角度做出定位。

B 建立在90°为最佳，运动中在前后最小角度范围内活动，既易于回位，又对改变人体前后的重心影响力最小。

② 作用

A 踝关节角度，是决定蹲站姿前后重心最重要的关节角度，此关节角度的一个小变化，直接引发蹲站时前后重心的大改变。

B 90°的踝关节角度与脚在脚蹬上的正确站位，共同有效地承载人体全部重量，得以成为最有力的蹲站姿支撑点和发力点。

（2）膝关节角度

① 定位（图2-12）

A 应后于踝关节角度的定位，否则无效或减效。

B 建立在约110°～130°。在动作失误或重心失衡时的非正常情况下，最大活动范围接近180°，人体呈直立状态，它通常出现在起跳升空的调整阶段。

② 作用

A 膝关节角度的扩展与缩小，是决定蹲站姿上下重心的重要关节部位之一。

B 适度的膝关节角度能产生最强的蹬踏力，合理的膝关节伸

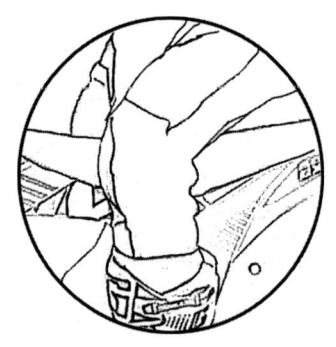

图2-12

缩活动范围，是起跳弹跃至最高位的重要条件。

C 确定的膝关节角度，上体前倾弓背弯腰，上肢各适度的关节角度；双手握车把适宜位置；膝踝关节先屈后伸典型的起跳动作；正确的双手臂提拉车把的动作等相互之间的配合，能够促使起跳时，前后轮同时跃起，飞过障碍顶端的保障技术。

D 合理的膝踝关节伸缩运动范围，能促进跳跃障碍、起伏路障碍起跳与落地时，起到有效的减震器作用，避免引起人车的颠簸，利于人体上下重心的平衡。

E 与踝关节的联动，间接影响蹲站中的前后重心。

3.上体前倾屈压的建立

上体弓背弯腰前倾压的变化，在运动中是前后、上下重心的平衡体部位、蹲站姿整体调整的枢纽。

（1）定位（图2-13）

A 蹲站运动时，上体前屈压控制在约120°～130°的弯曲度为宜，因身高不同可适当扩大或缩小角度。

B 上体前倾屈压时，运动中腰背应是弓弯形状下的放松与紧张交替状态，始终常态化绷直的紧张状态是有缺陷的动作，并浪费腰背力量。

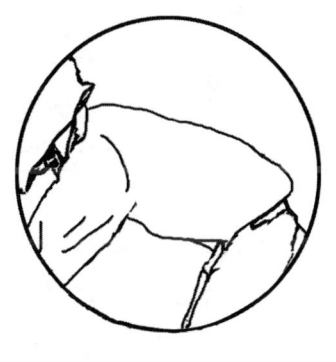

图2-13

C 上体弓背弯腰前倾压角度，帮助双手臂握车把的到位，并能很快找到与双前避震器倾斜角度相平行的运动方向，以利于轻快地做出提与拉相结合的提拉车把技术动作。

（2）作用

A 腰背在弓弯下做动作，能不时地放松腰背部，可扩展双手臂与车把间的活动空间，便于运动中上体的灵活调节。

B 确定后的腰背前倾弯曲度，主要影响蹲站姿上下的重心，可控上体有限度的运动，能合理地调整腕、肘、肩等关节角度及动作路线的走向，有效地发挥其作用。

C 上体的适度前屈压，控制提拉车把的行程只到胸部为止，能够避免无限制地提拉车把，防止提拉车把过度而上体后仰失去重心，严重时出现翻车。

D 当下肢的踝、膝关节角度在运动中变化时，致使蹲站姿上下、前后的重心改变。此时通过及时的上体前屈压弯曲度的调整，能获得及时整体的蹲站姿重心平衡。

4. 头部位置的建立（图2-14）

与坐姿有区别，蹲站姿中头部要始终高抬起，并与颈前部形成大于90°的夹角，以能观察前方及远方为准。随蹲站升降时，头部会有小幅度仰降的正常变化。避免因蹲站时的低头，近距离地盯看所要通过的障碍，可能造成措手不及地通过后面的障碍。在跳跃和上坡的障碍中，为能远眺障碍的顶部，用短暂地抬起上体，弥补头部仰起的不足。

图2-14

5. 双手握车把位置的建立

蹲站姿时，在双肩自然下垂的状态下，双手适度外展握车把，便利手握车把的到位，能够做出提与拉相结合，得力的提拉车把动作。

（1）定位（图2-15）

A 双手应与车把顶端的水平线形成约45°的握把夹角。因身高和坐高不同，起跳坎、坡角度的大小不同，手臂握车把随之加大或缩小其夹角。当坐姿转换成蹲站姿，握车把的位置自然延伸升高，反之相反。

B 在静态下无论是站在地面或蹲站在车上和运动

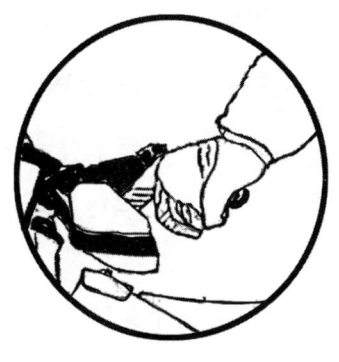

图2-15

中，在双手握车把适宜位置的前提下，能形成与前避震器倾斜角度相平行一致的运动方向。当做出双手臂提拉车把时，双手臂瞬间有一个力压前避震器的短促动作，随之借其反弹伸展，顺势能轻快地提拉车把。

C 蹲站姿势时，握车把位置在一定程度上受上体前倾时的弯曲度、下肢膝踝关节角度的影响。因为它牵扯人整体与车把之间的前后距离，所以影响了握把位置。

D 必要时可调整车把的前后方位，配合双手握车把位置的定位。

（2）作用

双手握车把恰当位置，决定了能做出既不是向后方的拉把动作引起的体位不必要的后移，又不是趋于垂直向上无力地提把动作引起的体位不必要的大幅度升高前移。而是融合了提与拉合一的斜向胸部的提拉车把运动。当双手臂提拉车把的运动方向与前避震器的伸缩运动一致时，能使得提拉车把的动作轻快、技术简洁、路径短捷。

6. 上肢双手臂各关节角度的建立

运动时适度的双手臂各关节角度，有效吸收、减缓冲击力，为双手臂握车把位的支撑提供强有力的支援，并为运动中频繁地提拉车把提供简捷、快节奏、高效的技术动作。

（1）手腕关节角度

① 定位（图2-15）

腕关节角度约170°～180°，在加油门跳跃出跳后，应适时尽快地回到原位。

② 作用

A 在腕关节接近180°时，能协助手腕部位握车把支撑点的用力，虽弱小却能全力发挥腕部抵抗障碍带来的冲击力的第一道防线。

B 在正确的握车把位置前提上，近似于180°的腕关节定位，能助力双手臂做提拉车把技术动作。

C 加减油门后，适时的回位，可防止力量薄弱的腕关节及附近部位在加油门后受到冲击时受伤。更重要的是能及时重新启动全油门的加速。

（2）肘关节角度

① 定位（图2-16）

通常角度大于90°，理想的活动范围在110°～140°。

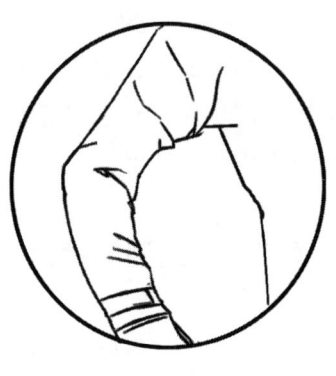

② 作用

A 协力手与前臂抵抗障碍带来冲击力的第二道防线。

B 理想的活动范围，吸收冲击力能量，减轻肘关节部位的受力。

图2-16

C 适当的活动范围，将冲击力分解后，顺畅地传递到上臂至肩关节。

（3）肩关节角度

图2-17

① 定位（图2-17）

角度小于90°，约60°～70°。

② 作用

A 与肩部共同成为障碍带来的冲击能量的最大消融处、缓冲带。

B 与肩部共同抗击障碍带来的冲击力，成为最有力的关节部

93

位、最坚强的终端支撑点。

C 与肩部共同成为双手臂提拉车把动作强劲的发力点。连同适宜的双手握车把位置，适度的腕、肘关节角度及部位，能轻捷地、小幅度地做出双手臂提拉车把的动作。

归纳蹲站姿的定位：它依靠坚实的双脚蹲站在脚蹬上，双手握车把4个固定支撑点；适宜的以上4个固定接触点位置；适度的上体的弯曲度，双手臂腕、肘、肩，双腿的膝、踝11个关节角度共同协作，建立起静态下牢固的定位，才能在运动中的调整下维护和保持定位。

（二）蹲站姿的检验

与坐姿一样，检验在静态下进行，也依次按蹲站姿建立的顺序为好。

车手双脚无论是蹲站在地面或车的脚蹬上，有的项目内容可以用眼检视，但一些项目内容需要用某种手段的检验更直接、可靠和准确。

1. 下肢双脚位置的检验

教练的手轻推车手上体前面或后面，车手轻易地前后晃动，表明脚心不在脚蹬位。

2. 下肢踝膝关节角度的检验

（1）踝关节角度检验

① 踝关节角度过大

教练站在车手前面，用手推其上体，轻易出现后倾或站位后移。

② 踝关节角度过小

教练站在车手后面，用手推其上体，轻易出现前倾或站位前移。

（2）膝关节角度检验

已确定建立踝关节角度后检验，更能准确地判断膝关节角度。

① 膝关节角度过大

A 教练站在车手前面或后面，用手推其上体，轻易出现后仰和前倾，或站位后移和前移。

B 教练站在车手后面，用手推其上体，轻易出现前倾或站位前移。

② 膝关节角度过小

A 教练站在车手前面，用手推其上体，轻易出现后仰或站位后移。

B 教练站在车手后面，用手推其上体，轻易出现前倾或站位前移。

注意，在静态下，膝踝关节角度要相互兼顾地检验。也必须指出，运动中膝、踝关节往往是联动状态，情况复杂，教练不可能用在静态下的方法去检验。

3. 上体前倾屈压的检验

（1）上体前倾屈压小，上仰大

①教练站在车手前面，用手推其上体，轻易出现后仰或站位后移。

②教练站在车手后面，用手推其上体，轻易出现前倾或站位前移。

（2）上体前屈弯曲度过大

教练站在车手后面，用手推其上体，人体轻易出现前倾或站位前移。

4.头部位置的检验

静态下教练能轻易地用眼睛检视到是否低头近视和颈部过度紧张而牵动双肩紧绷。

5.上肢双手握车把位置及各关节角度的检验

（1）下压双减震器（主要检验上肢的各关节角度）

它模拟运动中起跳前不明显的上体向下压车把的动作。主要检验腕、肘、肩关节角度，其次是双手握车把位置。做到双手臂外展适度的各关节角度，在适宜的双手握车把位置配合下，与前避震器运动方向相平行，双手臂下压才能充分用上力量，减震器能深度压缩到理想的行程。否则下压无力，减震器只能短程压缩。

（2）抬前轮（主要检验双手握车把位置）

它模拟在起伏路或跳跃障碍中起跳前的提拉车把动作。双手臂握车把下压双减震器，当结束压缩时借自然反弹之势，立即做出提拉车把动作抬起前轮。主要检验双手握车把位置，其次是手臂各关节角度。它基于趋向180°得力的腕关节，在适宜的握车把位置，又有适度的肘、肩关节角度助力的配合下，并且得益于形成的相平行于前避震器的运动方向，双手臂才能顺势做出用轻巧足够的力量提拉车把抬起前轮的动作。

（三）蹲站姿的调整

蹲站姿在静态下，通过各部位的检验发现问题，依据蹲站姿的建立标准找出原因，加以纠正予以调整。但需要反复多次找对问题，找准错误的纠正，完成调整。运动中的调整复杂，难度大得多。车手需要经历长期的训练和比赛的实践，细心、耐心的体验总结；教练仔细观察，精心指导，才能找到结症予以纠正，加以调整。

比较坐姿，蹲站姿的调整难度大，它表现在诸多方面：

坐姿中有双手、双脚、臀与车接触部位的5个固定的力支撑点，能在运动中牢靠"固定"坐姿。蹲站姿中只有双手、双脚与车接触的4个固定的力支撑点。因此运动时蹲站中不稳定、易晃动。

坐姿有5个相对近距离力的支撑点，并且体位低、重心低、易于保持平衡。蹲站姿只有4个力的支撑点，上下相距远，并且体位高、重心也升高，平衡更不稳定，更易晃动。

坐姿，在运动中经常只是在坐垫上前后小范围的移动，左右小幅度的活动。蹲站姿在运动中有较大范围的前后移动。

坐姿在弯道通过时只有左右不同方向，相同的一种倾斜车方式的转弯。蹲站姿应用广：在自然地形的起伏路，人工建造的起伏路或"搓板路"；坎、台、坡等多种类跳跃障碍；单个障碍的跳跃和两个以上的障碍的连跳；多种、各类的单跳和连跳等障碍的复杂组合。

1. 不抬头的问题

比较坐姿的头部问题，蹲站中低头近视的现象较多且顽固，调整所需时间要稍长。其原因是蹲站车上，上体前压弯曲腰背时，初期会不习惯别扭的持久抬头，只有当车手屡次经历看不到前方情况，因低头视线近而不敢加速，出现意外紧急状况，会措手不及发生危险时，自己意识或教练示意抬头提醒车手，才能逐渐克服低头的毛病而抬头远望。

2. 不妥的上体前屈压问题

（1）前屈压过低现象

A 迫使双手臂过度外展而耸肩，加大了肩关节角度，提拉车把改变成为费力的提车把错误动作，其行程缩短，提把不到位，前轮抬起受限。

B 缩小了肘关节角度，削弱肘关节应有的缓解冲击力作用。

C 遇路面颠簸，显著降低了肩关节与肩部抵抗冲击力的重要支撑作用。

（2）上体前屈压不够、抬起过高又偏后现象

A 变提拉车把为向后拉把为主的错误技术动作。失去可限制过度提拉车把，高抬前轮，重心抛后，使人、车平衡的作用。

B 肘、肩关节角度伸展过度，提拉车把费力，减弱抵抗外来冲击力的缓冲作用。

C 不必要地提升了蹲站位，升高了重心，加重了运动中维持平衡的难度。

（3）调整

训练中教练用自身形体演示前屈压程度，向车手示意向上伸展或向下屈压的调整，车手能够明白无误地看到并即刻做出调整，往往无需停车指导调整。

在长期的教学实践中，发现了一个有意思的现象。在采用蹲站姿势时，初级阶段的车手因速度慢，上体的前屈腰背弓弯会不大，蹲站位偏高；中级阶段的车手速度快了，自觉地加大了上体的前屈腰背弓弯角度，蹲站位降低了；到了高级阶段的车手，速度高了，无意识地能做到适中的上体前屈腰背弓弯角度，蹲站也到位了。这一过程可能长达数月甚至数年时间，这不完全是教练指导出来的，而是通过车手长时间在车上的体验、感悟、自然而然地在演化过程中做到的。

3. 不准的双手握车把位置问题

（1）偏高位握车把现象

经常因蹲站位偏前时出现。

A　出现在跳跃障碍的起跳阶段，加油门时易带动人体大幅度地向前，跳跃中双手臂只能做出向上拉车把的动作，变成直立起跳，升空后需调整复位，贻误空中其他技术动作的正常实施。

B　在颠簸的上斜面坎上起跳，前轮抬不起，后轮被掀起，严重情况下，人车易发生危险的前冲栽头。

（2）偏低位握车把现象

往往因蹲站位偏后所致。

A　做不出全油门的加速度动作，不能发挥赛车的充足动力，速度极大受限。

B　在跳跃中加大油门时，只能做出向后拉车把的动作，前轮抬起过高。尤其在不平坦的斜面上起跳，出跳后会出现人体重心严重靠后，前轮高抬，后轮过低，不仅影响飞行的距离，而且跃不过障碍的顶部，后轮会出现冲撞落地障碍的上斜面，出现危险的后果。

（3）调整

在训练和比赛中，常见不少车手握车把位置偏低，少见高位握车把。当出现高位握把，是因出跳时动作有误，失去重心，采取升高重心前移予以挽救，致使产生高位握车把。

运动中当教练观察到，用手示意高位或低位握车把，车手通常能在运动中看到，当即领悟及时调整。但在长期的训练实践中，发现低位握车把是顽症，会反复出现，需要教练耐心的不断的指正，逐渐地克服、纠正、调整到位。

4. 不当的上下肢各关节角度问题

（1）腕关节角度问题

① 腕外关节角度大于180°的现象

手腕向外过度隆起，在油门倒把时可见，是一种短暂性的过渡动作。典型的表现在：跳跃障碍的起跳后，为能在落地时加出饱满的油门，迅速大幅度地回油门所致。落地后如果不能回位到正确的腕关节角度，无力抵抗障碍物带来的冲击力，也就丧失了手腕与车接触点的支撑力作用。

② 腕外关节角度过小的现象

A 减弱了腕部抗击冲击力的作用，遇障碍带来的大冲击力时很容易受伤。

B 油门加速受限，加不到底，无全油门的加速，出现不了高速度的效果。

C 导致双手臂向后方向拉拽车把，重心后移，人车失去平衡。突出表现在连续通过多坎，不等距、等高的起伏路，特别在

"搓板路"中，更做不出所需要的高频率的加减速、频繁的体位移动、快节奏的提拉车把技术动作。

③ 调整

A 过大的腕关节角度，因是过渡性的短暂现象，车手通常都能自我意识到，及时调整回位到正常的角度。

B 过小的腕关节角度握车把在车手中常见，是车手一种习惯性的或不经意的表现，或因蹲站位过低引起。握车把角度问题易于表露，教练能早发现。运动中车手加不上速度会有明显的感觉，在训练不叫停的情况下，经教练用过小的手腕角度示意，车手能领悟，当即调整效果显著。但基于此问题现象顽固的习惯性毛病，会反复出现，需要一段时间才能纠正、调整过来。

（2）肘关节角度问题

① 肘关节角度过小现象

A肘关节部位收缩余地小，失去在遭受冲击力时的缓冲作用，上体极易前冲，同时也加重了肩关节及部位的负担。

B 因减失肘关节部位缓解冲击力的作用，蹲站姿的上体甚至整体位置受到影响，改变重心，破坏平衡。

② 肘关节角度过大现象

A 减少了前臂、上臂的伸展度，因此调整范围受限，也减弱了吸收冲击力能量的作用，不仅消弱了肘关节部位抵抗冲击力的能力，还加重了肩部及关节角度的负担。

B 上身前屈度减小，抬高了上体甚至后仰，双手臂提拉车把时行程不受限，可能会出现过度的提拉车把，迫使失去重心，人车平衡受到破坏。

③ 调整

肘关节部位下接腕关节部位，上联肩关节部位，是腕与肩的中间环节，它无支撑力作用、承受力弱。但适度的关节角度伸缩幅度大，缓解冲击力能量也大，并具有调节上体与车把间较大的活动空间。运动中车手对肘关节角度的变化感觉差，肘关节变化频繁又快。在训练中，教练可以指向自己的肘部形象地示意车手，如果效果不佳，只有叫停训练给予指导，纠正调整。

（3）肩关节角度问题

① 肩臂外展不够、肩关节过小现象

A 严重削弱肩关节及部位的强大支撑力作用。

B 形成双手臂向后拉拽车把，前轮抬离地面容易过度。

C 双手臂拉车把难以做出动作幅度小，迅捷、快节奏的，高度基本一致的前轮抬离地面通过连串起伏路的技术动作。

D 做不出完整有力的双手臂提拉车把动作技术，影响跳跃升空后的人、车平衡。

② 外展过度、肩关节过大现象

A 引起耸肩，牵动肩背肌肉不应有的常态化的紧张，促使出现向上的拉车把的僵硬费力动作。长时间处于此种状态，会过早地造成肩部肌肉的疲劳。

B 做跳跃动作时，易带动人体向前，重心前移，前轮抬起困难，有潜在的跃起后栽头危险。

③ 调整

肩关节在运动中所起的作用力强弱，车手能鲜明地感受到。肩关节外展角度，从外观上教练也比较容易观察到。训练中教练可以用自己的肩部，扩大或缩小肩部的外展角度，以具体的形体

动作示意车手，车手能即时调整。实践证明这种方法有效果，但坚持难，肩关节完全到位需要时间。

　　蹲站姿运动中，肩与腕、肘等关节角度及部位处于联动的状态。它们的所有调整既要综合的考量，还需加以甄别，发现问题出在哪个关节角度，再分别予以纠正，需要长时间的调整解决。

　　（4）踝关节角度问题

　　① 过小的踝关节角度现象

　　A 它能带动整体蹲站位前移，压迫车前轮，做抬离地面动作困难。在凸凹相间的路面上会前颠后掀，在连续起伏路障碍中，高速、快节奏通过时，前轮重撞坎的顶部，后轮掀起，出现极危险的向前摔跤。

　　B 重心在前，跳跃中形成费力的拉车把直立起跳。在空中要做一次大幅度的向后移位调整动作，才能够回复原位的蹲站姿势，更因侵占了空中的时间，也耽误了降落时技术动作的准备。

　　C 常不自觉地牵动膝关节的前屈，更加重了重心的前移。

　　② 过大的踝关节角度现象

　　A 引发蹲站位后移，致重心偏后，双手臂被迫依靠向后拉拽车把，暂时维持不可靠的、有弊病的前后平衡。

　　B 拉拽车把难以掌控前轮离地高度，也做不出有规律、快节奏双手臂提拉车把动作，大大地增加了通过起伏路时的难度，降低了安全性。

　　C 迫使双手臂降低油门握把位置，缩短油门的加速行程，速度提高受限。

　　③ 调整

　　踝关节角度的大小，对重心的前后影响非常敏感，运动中踝关节角度很小的变化，就能引起前后重心大的变动。在训练场上教练示意自己的踝关节扩大或缩小，提醒车手在车上及时地改变。在车下教练可以告知车手，运动中利用双手臂用力前推车把，让体位后移，调整踝关节角度偏小而引起的上体重心偏前；或采取短瞬减速的间隙用力拉拽车把，让体位前移，调整踝关节偏大、偏后的重心，从而恢复到90°左右的踝关节角度，维持平衡。经验告诉我们，需要经过长时间的运动中调整体验，才能够建立和保持90°左右适合的踝关节角度。

（5）膝关节角度问题

① 过小的膝关节角度现象

A 减少了屈缩运动，减弱膝关节重要的吸收冲击力的能量，削弱膝关节减震的作用。

B 接近半蹲状态，迫使重心滞后或向前，蹲站易失去平衡。

C 带动手臂降低了手握车把位置，妨碍做出规范的提拉车把动作，影响跳跃和起伏路的技术动作的正常实施，更阻碍高加速动作。

② 过大的膝关节角度现象

A 缩减了伸展运动，丢失了膝关节重要的缓解冲击力能量，削弱了膝关节减震的作用。

B 缩短了起跳时的弹跳动作行程，减少了伸展力度，影响升空高度与理想的飞行弧度。

C 带动体位上升，致使双手臂及关节角度过度伸展，欲用加大上身的前屈压来弥补因体位升高的缺陷，但都不可避免地影响完整到位的提拉车把动作。

D 体位变高，重心升高，不利于运动中蹲站姿势的重心平衡。

③ 调整

膝关节角度相比较上、下肢其他关节角度，活动范围大，伸缩行程长。对手握车的油门转把位置，双手臂的腕、肘、肩等关节角度的定位有更大影响，同时也不同程度地影响重心的高低。在运动中，将宽泛的膝关节活动角度调整到始终恰当的位置不是易事，因此膝关节的调整不能急于求成。

在训练中，教练可伸出手臂，用动作向上抬或向下压的手势，示意车手升高体位或降低体位，以达到扩大或缩小膝关节的角度。此手势动作大，车手能清楚地看到和领会，当即调整。

在运动中，相比较身体位置的移动，上下肢各关节角度的运动最频繁、幅度最大。更为复杂的是，运动时经常不只是上肢某一个关节的独立运动，也不是下肢某一个关节的单一运动，而是经常性的全部或某些上下肢关节同时、同步的联合运动。譬如，当膝关节前屈时，不经意地错误带动踝关节前屈；当踝关节扩展时，不自觉地牵动膝关节不必要的扩展等。要从中发现、寻找、判断、摘清某一关节的角度，既复杂又困难，需要长时间不断纠正调整。

5. 不适的双脚位置问题

（1）偏前的蹲站位置现象

偏向脚后跟踩踏脚蹬，可能致脚的前部向下过度倾斜，带来人体前移。

A 人体前移其重量过多转移到前轮上，双手臂难以提拉车把，做出抬起前轮的动作。

B 人体重心被带向前，前轮重压地面，颠簸中会出现晃动，高速中前颠后掀、破坏平衡、消耗体能，存在向前摔跤危险。

C 人体重心在前，跳跃中只能做出不合规的双手臂向上拉车把动作，蹲站变站立起跳的不规范技术，增加了空中调整动作保持重心的难度。

（2）偏后的蹲站位置现象

脚前部踩踏脚蹬致使脚后跟下坠。

A 带动人体重心移后，运动中出现双手臂向后方拉拽车把，难以掌控抬起前轮的高度。使通过成排的起伏路时失去规律，影响快节奏。

B 跳跃中做不出正确的提拉车把的技术动作，只能是向后方拉把的错误动作，升空后人体重心在后，人车失衡。

（3）调整

运动中在车上的调整，教练可与车手约定好手势，做出脚向前移动，示意车手蹲站整体位向前移；脚向后移动，提示车手蹲站整体位向后移。教练也可指导车手在蹲站位偏前时，通过双手虎口部位向前力推车把，迫使体位后移。

可以事先告知车手，蹲站位偏后时，采用短暂的回油门，借减速之机拉拽车把，让体位前移的应急调整。运动中的此种调整很耗费力量，但是能够用减速调整重心不平衡的现象，暂时保持运动中的前后平衡。

如果以上方法不见效，只有叫停训练，指出脚部位置的错误，调整后再上车练习。

七、结束语

此节通过比较全面、深入地解析两轮摩托车越野驾驶姿势的建立、检验、调整，只是期望无论是车手还是教练，对驾驶姿势要有明确、清晰的认识和全面、深刻的理解，足够重视在静态下必须要建立起正确的驾姿模式，然后再将其移植到运动中。在连续不断地通过障碍时，在不可避免的调整中，应尽快恢复到规正的驾驶姿势，以利于为下一障碍的起始阶段能够出现规范化的技术动作做好充足的准备。

　　教练上第一节课，不是在训练场上，而是在教室里，不是讲解障碍的技术动作要领，而是着手建立车手个人的坐姿和蹲站姿的正确定位。尤其是在车手初期的运动训练中，学习和初步掌握基本技术的同时，必须同时紧抓驾驶姿势的修正、调整，甚至是在纠正障碍技术动作之前进行。在以后的长期训练和比赛中，驾姿的修正、调整，可能伴随运动训练和比赛生涯的始终。在首先建立起模式化的驾驶姿势，掌握了规范的障碍技术动作，运动中又能出现最佳的重心位置，高效"无缝"的衔接，在充沛的体能保障下，高速运动中才能安全地通越所有障碍，完成比赛并取得理想的成绩。

2017年

第三节 | 两轮摩托车场地越野运动的弯道技术

弯道在两轮摩托车越野运动中，是何种特性的障碍？通过下面的阐述能够清楚地认识弯道障碍。

一、弯道障碍的特性

（一）最普遍的障碍

在国内外两轮摩托车越野场地中，无论在哪类级别和哪种水平车手的训练和比赛中，弯道障碍都不可或缺。

（二）数量最多的障碍

一般在0.8～2公里长的封闭赛道里，有各种各样自然形成或人工铺设的障碍，其中弯道障碍无处不在，无时不有，布满在全程的赛道上。但是美国独有的超级场地越野摩托车比赛（AMA）例外，跳跃障碍多，弯道障碍少，它仿佛是为纷繁的跳跃障碍服务而设置的。

（三）基础性的障碍

全部的弯道障碍，所有的车手不论技术水平高低，都能够通过，是一种不存在过不去的障碍。只有速度快与慢之别。因为普遍有之、数量最多、皆能通过，所以是基础性障碍。但是需要说明，基础性障碍不等同简单障碍，无论从弯道的多样性、路面的多变性及高速通过时技术的难度等都是如此。

（四）相对安全的障碍

弯道通常是一种沿水平线地面行驶的障碍类型，对比直线上的起伏路障碍速度没那么快，相比上下坡障碍无大的高低差，对照跳跃障碍无腾空，无飞跃的难度。因此弯道障碍的危险程度相对低，安全性相对高。

（五）类别最多的障碍

1. 平整路面弯道

严谨地讲，越野赛道上没有绝对的、持久的平坦路面。这是因为几十辆大功率的竞赛摩托车，在松软的以土质为主、沙质为辅的路面上数百次地通过后，极大地破坏了平整的路面，很快形成了大大小小的凸起与凹陷障碍。如果有相对平坦的路面，它只在刚开始训练和比赛的短暂时段内，或者较硬的不达标路质，赛车数量少、排量低，行驶速度慢等对路面损坏小的情况下。在此提醒，练习弯道的基本技术时，选择相对平坦的路面是必要的，也很有效。

2. 外超高弯道

在符合要求的松软质地的路面条件下，越野路线上的弯道都会出现半径不同、高低不等、长短不一的外超高，在运动中多数是自然形成的。其原因是数十辆大功率的摩托车，在数百次的倾斜车辆通过的状态下，其带有强大动力、隆起的花胎后轮，如同推土机般地向外推铲松土，形成向外倾斜的土堆"墙"，称为外超高。外超高弯道形成快，形状、高低、长度等变化快，是两轮摩托车越野里显著的障碍特点。通过时有了外超高这个屏障，远高于平坦路面弯道通过时的速度。为了使比赛更加精彩，现在很多场地采取人为设计、机械施工，堆造不同高度、长度、适中弧度斜面的外超高障碍。此类外超高通过时能跑出飞一般的速度，使观者目不暇接。

3. 起伏路弯道

车辆倾斜过弯道，轮胎侧面部分接触地面，对路面的破坏力虽不如直线行驶中轮胎全面积接触地面，但因赛车后轮的巨大动力与凸起的花胎，仍能形成连绵起伏的路面障碍，通过时会产生不同程度的颠簸，增加弯道技术通过的难度。

4. 车辙沟弯道

数十辆动力大、后轮有凸起花胎的竞赛车，数百次通过松软质地的弯道时，车手会不约而同地选择虽速度低但半径小的内线进弯，或者半径适中有速度的中内线赛道，会导致很快出现车辙沟。如果遭遇下雨形成泥泞路面，更能产生深度的车辙沟。干路面的车辙沟质地较坚硬，相对固定不走形，泥泞路面的车辙沟不定型、紊乱多变。弯道中的车辙沟没有人造的，完全是自然形成的，它同样是两轮越野摩托车运动显著特点的障碍。

5. 路面质地不同的弯道

（1）以土质路面为主的弯道

是两轮场地越野运动主要类型的路面。因土质性质成分不同，有软与硬的差别。掺和适当比例的沙子，增强其松软性、抓地力，成为适宜的越野运动路面。南方的红土和北方的黑土不论干燥与潮湿，都如胶泥般硬滑，此种土质不适合两轮摩托车场地越野比赛。

（2）以沙质路面为主的弯道

在封闭的场地越野中少见，但在远距离的越野拉力的路线上，这是一种典型的路面质地障碍。沙质路面变动快、不定型，过弯道通常出现前轮阻力大，后轮抓地力弱，影响正常高速行驶。

（3）泥泞路面弯道

在土质成分大的路面，遇雨水易形成泥泞，泥泞有稠与稀之别、深与浅之差，但无论哪种泥泞路面都湿滑，抓地力严重不足，是其共同的特点。

（4）涉水弯道

下雨积水造成一段路面变为水塘，在自然环境的越野运动中，是屡见不鲜的路面障碍。雨水掩盖了路面，看不清水下状况。水下经常是深浅不一的泥泞，给弯道通过带来不确定性，其行驶阻力大的弯道，通过难度增强。

6. 半径不等，弧度不同，弧线长度不一的弯道

（1）半径、弧度不同的弯道

摩托车越野场地对弯道的半径与弧度无硬性规定，自然的或人工推成的弯道都如此。小到U型的"发卡"弯，大到将近180°的大弧度弯应有尽有。同一个弯道因其6米以上米的路面宽度，选择不一样的线路，可出现不同的半径弧度。转弯中不可避免的变线，会出现不规则的弧度。车手在转弯中，对线路和弧度地选择，是根据自身弯道技术的特点，跟超车及速度的需要而决定。

（2）弧线长短不一的弯道

同一半径的弯道可以有长短不一的弧线，不同半径的弯道也同样有或长或短的弧线，弧线的长短表明弯道行驶的长短。其转弯过程中放车倾斜和正车的时机及持续加速的时间不一样。

（六）通过中状况最复杂的一种障碍

1. 能够出现最多的车、最为拥堵混乱状况的障碍

当有30个车位在发车架倒下后，一起向前高速奔涌，通常从安全考虑设第一个障碍为弯道时，虽经过数十米长的直线行驶，但到达弯道时相互之间前后左右仍拉不开距离，紧密、无序地涌入作为赛道上的第一个障碍的弯道。人车攒动、拥堵，常常出现险象环生、难以避免的人车碰撞、刮倒现象。此情景是两轮摩托车越野比赛中最惊险、最精彩也是最典型的一幕。只有头脑清

醒、路线选择得当、弯道中能灵活机动地随机躲闪变线的车手，才有可能从乱军中冲出重围脱颖而出，领先驶离弯道。在其后临近的弯道也可能出现此种类似状况，这是弯道障碍的显著特点之一。这在跳跃障碍起、落跳的斜面上，上下坡的坡面上是不可能出现的：在一个障碍内能容纳二三十辆赛车，并出现如此混乱不堪的状况。

2. 能够无规律横穿变线行驶的障碍

我们经常会看到车手在弯道中，为跟车和超车需要采用变速、变线，甚至在其他车中间穿插行驶，出现折线很大的变线现象。这种不可预测的变速、变线行驶，在诸如跳跃障碍的起落跳坎斜面上，起伏路（尤其是人工建造的连续、成排、等距的"搓板路"）、上下坡等障碍中是不可能出现的，也是做不到的，这是弯道障碍的重要特点之一。

以上不同类别的弯道所表现出来的种种特点，清楚表明弯道不是简单的障碍，在认识上和训练中，不能轻视，更不可忽视。

二、弯道路线

车手在准备通过弯道时，首先考虑的是选择哪条线路行驶，线路中路面的条件如何。

（一）路线选择是重要的考量

摩托车场地越野的赛道不划分车道，通常为6~10米宽的赛道，赛手可以任意选择路线通过。在练习和比赛中，车手不约而同地、习惯性地把路线划分为外道、中道和内道3条弯道行驶路线，业内称为外线、中线和内线。3条线有各自的特性，通过时各有优劣。外线半径大、路线长、速度快；中线半径适度、路线长度适中、速度中庸；内线半径小、路径短、速度慢。通常车手选择内线弯道，因其具有短矩优势，又能防止后车突然内插超车。

车手选择哪条线路通过，要依据自身的弯道技术特点、弯道中前后车手行驶情况和技术特点、前后车离自己的距离、出弯道后与下一个障碍衔接的种类等，予以综合衡量。路线选择的对与错，直接影响弯道速度的快与慢，能否超前车或被后车超越，甚至关乎通过的安全性。

（二）路面路况选择是必要的考量

路面有干与湿、松散与坚硬、平坦与凸凹的不同。这些涉及路面质地和条件的相异，对弯道通过时的难易程度、速度快慢和安全性会产生很大的影响。毋庸置疑，通常选择干湿适宜、松软、平坦的路面，通行顺畅、速度快、安全性强。

接下来是弯道的技术内容，可划分为车辆机械的操作技术动作和弯道的技术动作两部分。

三、弯道技术

（一）车辆机械操作技术动作

指油门、离合器、挡排和制动器的操作技术动作。

1. 油门的操作

有别于其他种类障碍的油门使用。转弯中车辆必须倾斜，此时只是轮胎的侧面接触地面，摩擦面小、抓地力弱，因此油门的加速相对节制、温和。这能使有限的后车轮与地的接触面产生有效的抓地力，形成均匀、规律的后轮侧滑效果，帮助赛车稳定地转向。相反，突兀、猛烈的油门加速动作效果会适得其反，可能出现后轮突然向外侧的横向大的滑动而失速失律，难以掌控平稳的转向，甚至侧向倒车。

运动式的弯道转弯，讳忌时断时续的油门加速方法。当车辆在倾斜中应一次性持续地加油门增速，以增强对后轮的抓地力，克服离心力，稳定、逐渐、规律的调向。如果在车辆倾斜中回油门会即刻起车，随之转弯半径变大、行程加长，速度减慢。高速中回油门，严重时因离心力增强，会从内侧的倾斜猛然抛向外侧而摔人、摔车。因此弯道中的加油门通常是一次性，连续不间断的柔和、渐强方式。

2. 挡排的操作

弯道中通常不做换挡动作，其原因是在转弯中车辆倾斜时，轮胎接触地面少，抓地力不足。此时如降挡，轮胎抓地力随之改变，破坏了均匀侧滑的效果与转弯的稳定性而引发失误。在转弯过程中如果出现失误动作，产生明显失速，在不得已的情况下应紧急减挡（左转弯大角度倾斜车时不可能或很难换挡）。适合的换挡时机或地点应放在入弯前，也就是在倾斜车辆之前，但是要依据弯道的地形、路面情况、转弯半径、自身的弯道技术水平和特点等综合考虑。水平高的车手也可以在初进弯道，车辆倾斜角度不大、尚未坐下的同时减速降挡，以争取进弯前的最高速度接近弯道。

弯道中挡排的选择，首要考虑的是自身弯道的通过速度，另外需参考的是弯道地面抓地力的强与弱。车手们都知道挡排低，抓地力强；反之挡排高，抓地力弱。但一味地选择抓地力强的低挡排，而不顾及速度及路面状况也不是最佳选择。

3. 离合器的操作

车手们都熟知专用竞赛摩托车，在运动中可以两指动作极小地钩带一下离合器握柄，或在降速中不使用离合器换挡。这样就避免了用离合器的换挡动作时机不当，或用时过长出现的速度损失，也减免了频繁换挡动作。除此以外，还有特殊的离合器使用方法。在转弯过程因地形复杂、动作不当而失速时，倾斜中不易减挡或左转弯不能减挡的情况下，可采用半握离合器的操作方法加大油门，出现有限制地提高发动机的转速，达到既不失速、又有节控的速度，起到事半功倍的效果。

4. 制动器的操作

使用制动器、回油门、降挡的3种减速方法，各有其用，缺一不可，但是制动器降速效果最突出。

（1）后制动器降速

最常采用的减速机械和方法。相比较使用前制动器降速简便和安全。降速过程中踩到底或踩踏过重，引起后轮拖胎，会显著降低减速效果。踩踏的力轻重适宜，频率快，后制动器的降速效果最佳，是车手必须掌握的后制动器操作技术动作。

（2）前制动器降速

效果不亚于后制动器，但通常不单独采用。其原因是使用两指操作前制动器握柄的时机、力度的大小不易掌握。如果使用不当，出现前轮抱死，瞬间往往来不及反应，在高速中急降速，会突然抛前摔出，产生极其危险的后果。

（3）前后制动器连动降速

减速效果明显高于单独使用前或后制动器，是日常使用最多的减速方法。它必须在先回油门，或回油门的同时利用前后制动器的降速，是成熟车手必备的一项技术动作。

（4）联合降速

回油门，前后制动器连动，减挡降速，四项联合降速能达到最佳的减速效果。但前提是，要同时、时机恰当、力度得当才能获得。这是一项高难的技艺，要想左右手脚得心应手地掌控4个操纵机械，达到最佳的降速效果，可能是车手始终的追求。

（5）降速的阶段

可划分入弯前、前弯与弯中制动器操纵3部分。

①入弯前的降速

入弯前降速的考量：

A 降速距离。尽可能地离入弯最近的地点开始降速，以弯前能争取到最长的高速行驶距离为准。

B 降速时效。以用最短的制动时间，最佳的制动效果为准。最终达到以最短的降速距离、最少的降速时间、最佳的制动效果进入弯道。

入弯前适当降速的作用：

A 能适速地进弯。用适合自己的弯道技术水平的速度进弯，既不过度降速，放慢进弯速度；也要避免降速不足，失去控制地冲进弯道。

B 平顺地进弯。冲进弯道失去控制的过快速度，通常会出现扩大了转弯半径，走冤枉路的情况，导致不快反慢；挤压了弯道前动作的准备时间，手忙脚乱地进弯，打乱了动作的节奏，增大了弯道中通过的难度，往往出现失误摔跤。

入弯前制动器的使用方法：

采用手脚并用、前后制动器同时使用，再配合进弯前的回油门降挡，这是短时与平稳降速最佳效果的联合减速。但是如果前制动器使用力度大于后制动器，会出现前轮抱死的危险后果。后制动器在降速的过程中，要采用快频率的点刹方式，避免持续重踩后制动器，形成低效的后轮拖带，延长了降速距离。

② 前弯的制动

指初入弯道（路线中出现显著的弧度为弯道）时的制动。无论是坐姿还是蹲站姿势，倾斜放车转弯时，仍可以继续用制动器降速，它是入弯前降速的延续，成为连续降速的组成部分。

作用：

A 弥补入弯前降速的不足；防止速度过快，不受控制地冲进弯道，打乱转弯的规律节奏，反而减慢了进弯的速度。

B 缩短入弯前的直线降速距离，推迟减速的时间。为缩减坐下转弯即出现的慢速，多争取坐下转弯前更长距离的最快速度。

制动方法：

车在进弯倾斜中的制动应谨慎、适度。因倾斜中后车轮接触地面减少，抓地力不足，不使用前制动器，或者使用力度明显要低于后制动器的轻柔使力。后制动器使用仍然要采取点刹的方式降速，其力度也要轻于弯前的制动。

③弯中制动

转弯中如遇突发情况，尽可能地只采用减油门降速，如使用制动器降速，只限于左转弯时采取后制动器的减速。不使用或少使用制动器降速。弯中如果使用前制动器降速，会有很大风险。

其原因在于弯中是最大半径的转弯，也是车处于最大角度倾斜的地段。在无动力、无抓地力的导向轮，车辆大角度的倾斜中，前制动器使用不当时，很容易造成无可挽救的横滑或前轮抱死，出现突然倒车。

（二）弯道技术动作

1. 先要树立正确的驾驶姿势

正确的驾姿（见《解析举足轻重的两轮摩托车场地越野运动驾驶姿势》一文）能提供弯道技术所需的初始模式化驾姿形态，从而为实施规范的弯道技术动作准备好条件：到位的双手握车把位置，双脚靴后跟钩挂在脚蹬上的位置；臀部在坐垫上的位置；双手臂外展中适度的腕、肘、肩、弓背弯腰角度等，从而保障了坐姿时的良佳重心。

在绝大多数情况下，弯道都采用坐姿通过。坐姿重心低、稳定性好，利于转弯中的平衡掌控。如果采用蹲姿，人与车掌控平衡难度增大。除非弯道中地面高低不平、凸凹差距大，为克服颠簸，不得已采用半蹲或蹲站姿势，以保障人与车平衡的调节。

2. 运用侧滑转弯的技术动作

利用后轮侧滑转弯，是摩托车越野运动必须掌握的转弯技术动作。两轮摩托车的侧滑转弯的技术难度，远难于越野三轮和四轮摩托车的转弯侧滑技术动作。

（1）侧滑转弯

向转弯一侧倾斜放车，通过适时、稳妥的油门加速，运用弯道技术动作，驱动具有动力性的后轮，向外侧推铲松软的沙土质地，在路面上形成均匀、规律的侧向滑动帮助调向，或伴随有前轮反向的反打方向把，从而实现理想的半径、弧度、稳定的转弯效果。

（2）侧滑转弯应具备的条件

A 向转弯一侧倾斜车，其倾斜角度与路面的附着力程度、转弯半径的大小有关。

B 正常情况下规范的倾斜技术动作：人与车要同侧、同时、上下同一水平线上倾斜车，是利用人体自身的重量倾斜，带动向内侧放车，称为"正倾斜"或"正压车"。倾斜不是用身体外侧腰腿部位的力量来压车！用外侧腿力压油箱，致使外侧脚要用力踩踏脚蹬来倾斜车辆，即俗称的"反压车"，它有很大的局限性：倾斜角度有限，转弯半径扩大；因外侧腰腿不应有的紧绷，在转弯中遇到路面、弧度变得困难时，难以灵活有效地调整；出弯正车也缓慢，明显影响对下一障碍的衔接。通常用在转弯中出现失误时，调整倾斜角度，挽救失误动作。

C 与倾斜车同步，要伸展内侧腿并能配合油门的加速，起到辅助倾斜中的左右稳定平衡。对初、中级选手，规范化的正倾斜转弯训练不可缺少。

D 倾斜侧滑，必须重视加油门的方式，保障侧滑的平稳与持续不断：转弯途中加油门不能断续，要连续；加油门的猛与柔与路面附着力的强与弱成正比；加油门的早与晚与倾斜车时机的早与晚、动作的快与慢成正比；加油门持续时间的长与短与侧滑路线的长与短成正比。

保持正确的驾姿倾斜车，适时、适速地加油门，适度、适力地伸展内侧腿，上述同步、协调一致，就能自然地出现后轮的侧滑。

3. 普通弯道的通过技术

普通弯道泛指地面比较平坦、路面质地松软的弯道。初级选手应选择在此种路面弯道进行训练。在轮胎对松软地面有良好抓地力的情况下转弯，身体敢于放松，可以放心地在加速中倾斜车，能够得到印象深刻的弯道侧滑转弯技术动作的体验。

下面分别从分解身体相关部位的动作诠释弯道的通过技术、按弯道通过的不同阶段划分技术、概述转弯中不同过程的通过技术、简约综述弯道的通过技术4个侧面阐述弯道技术。

（1）分解身体相关部位的动作诠释弯道的通过技术

①上体肢部位

在转弯的开始阶段，当人与车向内侧倾斜放车时，坐姿时的双手握车把位置、双手臂的各关节角度、腰背的弓弯前倾度和臀部坐在坐垫的位置、外侧脚靴后跟钩挂在脚蹬上的位置等驾驶姿势基本保持不变。

人体与车应往同一侧方向、上下同一水平线上倾斜放车，而不是车向内倾斜、人体向外移的所谓"反压车"。人与车同侧、同水平线的倾斜是利用倾斜时自然重力放车的正倾斜。利用自身重力的自然倾斜放车，腰背部要继续处于弓弯状态，这样可以因转弯的变化，能够随时灵活地调整上体，自如地伸出内侧腿脚，辅助人与车的平衡。正常状态下转弯，既不用外侧脚用力踩踏脚蹬来压车，也不需借用外侧腿力压油箱的反压车动作，这样不仅车体倾斜有限，而且腿脚部的用力会牵动腰部不该有的使力。它带来的弊端是转不了小半径的弯道，速度越快，转弯半径越大，内侧腿伸展受限，伸不远，伸出后难以上下、左右灵活地调整。

再次强调"正压车"即正倾斜放车是转弯的规范技术动作要

领。"反压车"可以作为通过弯道过程中，因动作失误而调整的一种技术，或应急情况下做出的挽救技术动作，但是它不应作为常规的转弯技术动作要领出现。

头部：

弯道本身曲折，车手视线受限，要避免低头、眼睛只盯前轮不远处地面的短视，因如此会导致无意识地回油门或保持油门而失速。更为麻烦的是，当前车非正常的走线或放慢速度或突然失误，会造成自己来不及躲闪，无法做出调整与挽救，与前车发生碰撞甚至摔车。

手部：

握把力度。正常或通常情况下，双手只是适力地握把，而不是握紧掐把。如果双手持续用力紧握车把，在短时间内或跑不出几圈路线，前臂就会出现肿胀、僵硬而握不住车把。

握把位置。转弯中要适当提升外侧手臂握把位置，带动扩大双手臂外展，从而加强侧滑中前轮滑倒时，以拉为主，推为辅的支撑力。

加速方式。初练转弯，手加油门要舒缓，转弯过程中加油门应快而不烈，并要保持连续加速，以利做出不间断、均匀、规律的侧滑转弯。讳忌断续地加减油门，造成车倾斜角度的起落变化，也破坏了转弯侧滑的规律性，增加倾斜中左右重心的平衡难度，必然影响转弯速度。

臂部：

转弯加油门，在做小半径弧度的短距离转弯时，手尽可能地不带动上臂或只带动前臂，无需牵动上臂不必要的用力运动。在做半径较大、弧线较长的转弯，随手加油门动作时，油门大并且持续，在带动前臂连动上臂时，手与前臂及上臂之间应是一种自然的联动方式，其动作幅度小，维护了正常驾姿双手臂外展形态，在遇冲击力时既缓冲承受力，又能增强做动作时的用力。

肩部：

肩部应随手臂而动，转弯时上肢动作中，肩部是最有力的支撑点和发力点。尤其在大半径的弧度高速转弯、倾斜角度大的转弯时，肩部要适度地扩大外展角度，增强外侧手臂在侧滑中向内拉提力、内侧手臂向外的推力，以利克服高速带来的滑摔风险。弯道中出现凸凹不平的小起伏路时，也要扩大肩部的外展关节角度。在加油门的同时能够做出双手臂轻力并快频率地提拉车把的动作，带前轮浮离地面，避免冲撞弯道中的凸起路面，顺畅完成转弯。

综合简述上肢各部位在转弯中的功能：

手——动作与力的起始部位，小负荷力的支撑点。

臂——动作与力的传递和缓冲部位，不能也不是力的支撑点。

肩——动作与力的支撑终止部位，最强大的发力和抗力的支撑点部位。

必要提醒：转弯中手握车把的位置有自然地调整，手、臂、肩等部位关节角度因弯度半径的改变而变化，协助转出理想的弯道弧度和半径；做出轻捷的提拉车把，使前轮随时浮离地面，避免撞击地面障碍；以最小动作幅度，最大程度地缓解冲击力，实现最经济的用力实施转弯。

腰背部位：

正确的坐姿要求收腹含胸，腰背呈自然弓弯状态。转弯中，无意外情况仍然要坚持此状态，它有以下作用：

在转弯的开始阶段，腰背只有在自然弓弯状态下才能放松，迅速地不费任何力气地"正压车"倾斜放车。

转弯过程中只有在腰背弓弯状态下，臀部能出现向下的坐压，才可能在坐垫上坐实，通过后轮加强对地面的附着力；防止臀部随加减速向后、向前被迫移动，地面的颠簸引起上体的上下震动，从而保持住运动中臀部所坐位置，稳定了坐姿的重心。只有在腰背弓弯的放松状态下，内侧腿能随意、轻松地伸展出来，随着弯道半径大小的变动、速度快慢的变化，内侧腿能上下、左右自如地调节。相反，如果挺胸、直腰背状态下转弯，会牵制内侧腿伸展的里外范围、伸出的高低、用力的大小，直接影响转弯的效果。

② 下体肢部位

臀部：

已确定臀部在坐垫上的准确位置，就是坐姿在转弯中承载身体重量、重心的主要位置。车手要力争做到转弯中不要主动、随意调整所坐位置。否则不仅会变动坐姿的重心位置，而且会改变坐姿的形态，影响双手臂合理的关节角度及用力，干扰转弯中上肢的技术动作实施。

臀部坐实在坐垫上准确的位置，能完全承载车手的全部重量，给予车后轮敦实的重压，增强对路面产生的抓地力，转弯能够出现扎实的侧滑运动。不应受外侧脚踩踏脚蹬，致使上体挺胸直腰的影响而形成虚坐，减弱车后轮的抓地力。

外侧腿部位：

正常情况下，转弯中屈缩的外侧腿无需用力紧贴油箱。转弯倾斜不是依靠外侧腿贴紧油箱的用力来压车。如果做此动作，上体必然向相反的外部倾斜，形成"反压车"。"反压车"的弊端显而易见，它不仅向内倾斜角度有限，而且制约了腰部在转弯中的灵活调整，也不可能做出小半径的快速转弯。速度越快弯转得越大，难以实现理想的转弯半径与路线。要强调，反压车的转弯技术动作不是常规的选择。如果下一连接的是与前一个相反方向的弯道，更大的缺陷是反转左右的倾斜幅度大，用时长，明显延误两个弯道之间的衔接。

外侧脚部位：

正常转弯，外侧脚靴后跟只需无力地挂靠在脚蹬上即可。但是在弯道后半程，为配合加速中上体肢双手臂用力提拉车把，需外侧脚向斜后方用力蹬脚蹬助力，此时弓背弯腰状态下，臀部力压车座坐实坐垫不变。注意，外侧脚在转弯中垂直用力踩踏脚蹬，会引起臀部虚坐在坐垫上，失去实坐时重心的定位，削弱实坐时对轮胎接触地面的抓地力，不能形成良好的侧滑调向运动。当遇到剧烈颠簸或遇到外来强大的冲击力时，外侧脚钩挂状态下要加力，与外侧腿紧贴油箱联动，形成人车一体，防止臀部移动座位。这只能是应急性的动作措施，它不是正常转弯的规范技术动作要领。

内侧腿、脚部位：

当车手的技术尚未达到高水平时，在倾斜车辆时，配合油门加速，有必要同时、及时、协调地伸出内侧腿脚，协助动态中保持人车左右的平衡，帮助维持运动中的重心。只要外侧腿脚不用力蹬踏脚蹬，腰部不僵直，内侧腿脚就能自如轻快地上下、左右伸展出去。内侧腿脚伸展力度的强弱、高低的程度、左右的幅度，都配合转弯半径的大小、速度的高低。

（2）按弯道的不同阶段划分的通过技术

有必要先提及选择进弯的路线，因为它影响弯道技术动作发挥和通过速度，要从以下的因素优选路线。

路面质地有：沙与土、干与湿、软与硬等。

地面状况有：平坦与起伏。

弯道形状有：半径的大小、弧度的形状、弧线的长短等。

自身条件：自己的弯道技术水平与特点。

综合考量应选择质地松软、地形平坦、弧度适中、路线短、能出速度等条件，再结合自身的弯道技术特点，在不能借用可高速通过的外超高弯道情况下，通常从内线或中内线弯道通过。

为清楚地了解通过弯道的全过程，可划分为弯前、前弯、中弯、后弯4个阶段，分别阐明弯道的技术动作。

①弯前阶段

指在进入弯道之前，往往有的一段直线或稍有弯曲的路段。要领：驾驶姿势的选择，速度的控制。

驾姿选择：

路面较为平坦的弯道，采用坐姿接近弯道。但是在比赛路线中，平坦路面少有，通常情况下选用蹲站姿势接近弯道，其理由是：

强大的下肢支撑。数量众多的赛车，在进入弯道前的一段赛道，几乎不约而同地在弯道前相差不多的距离路段采取制动降速，路面一定会出现凸凹不平的大小起伏，车辆颠簸剧烈，难以用坐姿平稳地接近弯道，只能采用蹲站姿。在高效的联合制动急降速下，能利用蹲站姿大于120°的膝关节和大于90°的踝关节，发挥强劲有力的蹬踏脚蹬所产生的支撑作用，抵抗强烈颠簸和人体的惯性前冲。

有力的上体肢支撑。采用蹲站姿骤降速度时，用双手虎口力挺握把，在适宜的双手臂握车把位置，适度的腕、肘、肩等关节角度的配合下，人车颠簸剧烈时，能够对车的方向把有强劲的推力，支撑上体肢的驾驶姿势。

与下肢双脚蹬踏脚蹬的适宜位置，适度的膝踝关节角度所产生强有力的蹬力的结合，能克服高速下联合制动带来紧急降速所产生的身体向前方的猛烈冲力。不仅保证了油门加速多少的准确控制，而且保持了降速中的重心位置。不可忽视的是，它能够维持蹲站的上体肢驾驶形态，这点非常重要。入弯时在由蹲站姿转换成坐姿的过程中，可以顺利地实现上体肢基本不改变形态的衔接，并在转弯的开始阶段，为引导做出规范的弯道技术动作创造条件。

速度控制：

无疑，进弯前必须降速，速度以降多少为准？必须依据自身的弯道技术水平，还需参考进弯的路面，弯道的弧形、半径等情况而定。另外，还与弯中的超车战术有关：是进弯前的最后时刻抢速超车进弯，还是利用入弯初期的分线或弯中的变线超车。需要强调的是，要避免贪图进弯的速度而冲进弯道。这会失去理想的线路、路面、转弯半径等优势选择，更严重的是破坏了有条不紊的动作的节奏及规范技术动作的实施，甚至出现在弯道中摔跤的可能。

② 前弯阶段

指弯道中的前段。重点的要领有，驾驶姿势的转换和技术动作的转变。

蹲站姿转前弯：

可以把前弯分成两段，前半段能视为带有弯曲度的直线来处理，使用延续弯前的蹲站姿降速进前弯，然后选择时机坐下，再以坐姿继续转前弯。但是人车即刻做出倾斜，依照前弯半径决定倾斜的角度。在蹲站姿倾斜的过程中，膝踝关节逐渐前屈，带动蹲站的体位前移，降低了蹲站姿高度，有以下的优点。

推迟并缩短坐下转弯的行程，实质是用蹲站姿进入前弯，能加快前弯的速度。其因是蹲站姿降速进入前弯的终端速度，要高于坐姿降速进入前弯的终端速度。

用蹲站姿进入前弯，可防止在前弯开始阶段因颠簸的路面，如早坐下易造成的重心平衡破坏、干扰通过前弯中规范技术动作的出现。

由于采用蹲站姿进入前弯时，降低了蹲站姿高度，不仅缩短了由蹲站姿转换为坐姿的行程和时间，还避免了猛然由蹲站的高位变成坐姿的低位，难以找准臀部在座位上的准确位置，并波及双手握车把在坐姿中的适宜位置，双脚在脚蹬上钩挂位置的到位。

由蹲站姿转换成坐姿时，当做到各接触点的一次到位后，就能够及时启动油门加速转弯。

蹲站姿换为坐姿转前弯：

上体肢驾驶形态基本保持不变，下体肢驾驶形态彻底改变。

基本延续蹲站姿时上体肢的驾驶姿势，为即将在坐姿下实施规范的转弯动作技术创造条件。其主要内容有：仍保持了模式化的驾驶形态，但减少了上体肢的前倾；外展双手臂中的腕、肘、肩等关节角度基本不变；双手握车把位置，随姿势的转换自然下移，要做到高于车把两端的水平线，但并不影响双手臂外展的形态。

下体肢形态有重大改变。其主要内容有：增加了人在车上的座位支撑点。只有找准位置，并在弓背弯腰下坐实位置，才能起到承载人体重量、确定坐姿重心的作用；蹲站姿的双脚由中心站位，转变为坐姿的双脚赛靴钩挂在脚蹬上，双膝只需贴靠油箱，正常通过弯道情况下双膝与外侧脚无需用力。

坐下即加速：

因为是转弯的开始阶段，油门的加速方式非常重要。加油门要平缓、不突兀，其效果是车后轮能够起速均匀平稳地侧滑转弯，然后渐进不间断地加大油门，持续侧滑转弯。

加速的同时，伸出内侧腿。内侧腿的高度、力度、内外摆动幅度与转弯速度相匹配。

随着速度的提升，同时需做出双手臂力度不同的以拉为主、提为辅的提拉车把带动前轮浮离地面的动作技术。转弯时只有在实坐并增强臀部下压坐力的配合下，才能在转弯中保住臀部所坐位置不后移，这也就保障了坐姿转弯中的重心。

③ **中弯阶段**

指弯道的中段，重点的技术动作要领是持续侧滑转弯与变线。

中弯是侧滑转弯的中心阶段：

不仅要持续加速，而且有明显的增速。其显著特点是：侧滑的半径最大；侧滑中车倾斜角度最大；转弯中动作的力度增大；转弯中动作的幅度最大；转弯中侧滑调向的最大段。

变线：

弯中车辆多，前车出现动态变化，无论是主动还是被动，都不可避免地出现变换路线。通常的变线是为防止因前车的失误或摔跤而碰撞，为了后弯或出弯后能超越前车而变线。

由外变内，先要适当减速，才能略加大车辆的倾斜度，紧接着加速以增强侧滑力度。与此同时内侧腿抬高加强伸展力，协助增强侧滑转向力度，并防止所坐的位置后移。最终达到缩小转弯半径，实现由外线变内线。

由内变外，微收油门，自然正车，减小车的倾斜角度，加大了行驶半径。

④ **后弯阶段**

指弯道的最后一段，重点是尽早地正车，尽快地结束弯道的技术动作。

以最大的油门加速准备出弯。在加大油门的同时，双手臂用力向胸部方向提拉车把，上身随之加大前倾压，再保持腰背的弓弯前屈，这样不仅能防止加大油门时上体后仰，而且能保住臀部实坐在坐垫上不产生位移，保障正车后的重心。正车后维持上体的驾姿形态，提前备好进入下一障碍时的驾驶姿势。

要尽早正车。提前加快进入下一障碍的动作准备，通常的做法是提前收回伸出的内侧平衡腿，减小转弯倾斜的角度，车由倾斜尽快地转换成直立，以便提早加速出弯。

简约归纳前、中、后弯通过的要点。

驾驶姿势方面：

尽可能地推迟蹲站姿转换为坐姿的时间。

蹲转坐姿在弯道中上体驾驶姿势基本保持不变。转弯中双脚与脚蹬接触点的位置有小幅度移动，油门加速双手握车把位自然下移；在实施技术动作时，各关节角度随之小幅度地自然调整。

速度方面：

前弯：稳妥的速度进弯，坐下后尽早地开启油门，温和地加速侧滑转弯。

中弯：持续加速，尽快地提速转弯。

后弯：以最快速度出弯。

技术动作方面：

前弯：在坐之前倾斜的同时，做出由蹲站转换为膝踝关节前屈的半蹲动作，缩短由蹲站姿直接变为坐姿的转换时间。便于准确找到坐的位置。

中弯：加大技术动作的力度、幅度，明显增强侧滑调向。

后弯：尽早撤回内侧平衡腿正车，以最大的油门、最快的速度出弯。

（3）概述转弯中不同过程的通过技术

转弯的准备过程——弯前：在接近弯道时，采用蹲站姿的联合减速方法降速。预先目视选择好进弯的路面、地形、路线，调整出适合自身弯道技术水平的速度准备进弯。

转弯的开始过程——前弯：蹲站姿下进弯，改变了常规在转弯的开始阶段以坐姿进弯。延续蹲站姿，延迟转换坐姿的时间。不仅能克服初进弯道时路面出现的大小不同凸凹的颠簸，而且在蹲站姿下才能够推迟开始转弯的地点，争取到更快的速度进弯，同时获得顺利平稳进前弯的效果。以模式化的上体驾姿进入弯道。姿势转换动作的速率要快，一旦坐下，人与车的所有接触点位置、上下体各关节角度要一次到位，完成重心的确定后随即加速，根据转弯半径的大小、弧度的特点、速度的快慢，做出规范的以拉为主提为辅的提拉车把动作，同时上体肢有相对前倾的运动。与此同时下肢向前方高低适宜地伸出左右适度角度的内侧腿脚，辅助车的正倾斜及加速时的人车平衡。正常情况下，外侧腿贴靠油箱，外侧赛靴钩挂脚蹬，全都无需用力。

转弯的中心过程——中弯：弯道中转弯半径最大，因此车倾斜角度最大，内侧腿脚伸展幅度最大，侧滑调向最大，做到有力的双手臂略带有反打把倾向的侧滑、给力的臀部坐压、强劲的内侧腿伸展，是侧滑转弯对技术动作要求最高的一段。

转弯的结束过程——后弯：速度最快的一段。在顺利地通过中弯阶段后，以最大油门来完成侧滑。在持续加速的同时，要提前撤收伸出的内侧腿脚，并立即放回脚蹬，结束倾斜尽快正车。在进入下一障碍前，从驾姿的保持、路线的选择等预先做出准备，以利达到顺利的衔接进入下一个障碍。

（4）简约综述弯道的通过技术

7个保持体现转弯的技术动作。

① 视线
在通过弯道的全过程中，保持远视不变。
益处：能随时随地地观察到前方车手的动态，及早发现前方的地面、地形的变化，提前做出应对办法和技术动作的应变。

② 驾驶形态

在通过弯道的全过程中，整体驾驶的基本形态保持不变。

意义： 体现出构筑驾姿形态中的双手臂握车把的支撑点与适宜位置，臀部坐在车上的支撑点与适宜位置，上肢部位的腕、肘、臂适度关节角度，下肢部位外侧腿贴靠油箱，与外侧脚靴后跟蹬踏脚蹬的支撑点的共同作用，保持了转弯中的重心维持，在做出轻快的侧滑转弯技术动作后，能很快回位到不变形的驾姿。

③ 正倾斜

在通过弯道的全过程中，尽可能地保持正倾斜车转弯（除非因动作失误，被迫调整身体大于或小于车的倾斜度，但是调整后也要及时回位）。

优越点： 在转弯中保持规矩的正倾斜驾驶姿势，为实施规范的弯道技术动作提供优良条件，促进按预计的半径与弧度转弯，能跑出更高速度规律的侧滑转弯，并能灵活地调整人车倾斜度，化解出现的失误。

④ 臀坐位

在通过弯道的全过程中，臀部所在坐垫上的位置基本保持不变。

作用： 保持臀部在坐垫上的适当位置，对维持转弯中的前后重心起着主要作用。

⑤ 腰背弓弯

在通过弯道的全过程中，腰背弓弯状态始终保持不变。

好处：转弯时在不变的腰背弓弯状态下，本身能出现向下的坐压坐实坐垫，如果臀部再做出用力的向下坐压，更能增强坐实在坐垫上的后重压后轮，加强地面的附着力，助力臀部保持所在位置不变动；并能在转弯过程中，自如地调节伸展出的内侧腿脚，上下左右地运动。

⑥ **双腿脚**

在通过弯道过程中，伸出内侧腿脚，外侧脚赛靴钩挂脚蹬要基本保持。

好处：内侧腿脚：在转弯的开始阶段，尽可能推迟坐下转弯的同时伸出内侧腿脚。转弯的结束阶段，尽早收回伸出的内侧腿脚，尽快地正车，有利于提高前弯的进速和后弯的出速。转弯中保持伸展内侧腿脚，所起到的辅助倾斜中的重心平衡作用无可置疑。

外侧脚赛靴：保持钩挂在脚蹬上，防止转弯中转变为踩踏脚蹬，引起臀部虚坐在坐垫上。在加速中所坐位置易被迫后移，失去坐姿重心，从而影响理想的转弯半径和速度。

⑦ **油门**

在通过弯道的全过程中，保持油门不间断的增加速。

目的：在持续增速的条件下才能在转弯中做到后轮均匀、规律、连续的侧滑，从而实现高速稳定的转弯。

4. 另类的弯道技术

泛指一些特殊地形和路面的弯道类型。普通弯道的大部分基本技术动作要领适用于异类弯道，但也有与普通弯道差别的技术动作。

（1）外超高弯道

数十辆赛车，几十上百次的在松软的赛道路面上转弯竞速，会自然形成隆起的形状相异、弧度不同、高低不一、弧线长短不等的外超高。在现代的摩托车越野场地中，增多了人工设计、堆建的外超高，是为了出现飞速的转弯，增强刺激性、观赏性。某些人工堆建的外超高有高度、弯道路面软硬适度，外超高的弧度趋向大角度时，能够出现惊人的高速度。但是车手在高速、极高速通过时必须做到：

一要——视线一定要远。

二强——臀部要强力坐压，强力伸出内侧腿脚。

三准——车倾斜角度准，位置准（握车把及臀部坐车垫位置），起速准。

四快——驾姿转换快，倾斜放车快，内侧腿脚伸展快，加速动作快。

五不——中途不许转换驾姿，不能回油门，不要改变倾斜角度，不可回收伸出的内侧腿，不准移动坐之位。

在高速或极高速通过外超高弯道时，无思考时间。弯中出现的技术动作都是生理性的神经条件反射。所有动作同步、叠加，对协调性要求很高。从进入到驶出外超高，要做到一气呵成。以上任何一项做不到，不仅通过的速度受限，更为严重的是，会出现无可挽救的内侧滑倒或毫无防备的飞驶出外超高。

（2）车辙沟弯道

无人工所为，全是自然形成。需要强调的技术动作要领：

A 通常采用重心低、平稳性强的坐姿通过。

B 视线要远，近视会不自觉地保持或收油门，降低了速度，产生离心力驶出车辙沟的情况。

C 通过车辙浅沟的弯道挡排可偏高，深沟挡排应偏低，中途不能换挡，避免因换挡而变速，出现前后轮相拧，驶出车辙沟。

D 通过车辙沟弯道要持续增速，中途收油门会改变车的倾斜角度驱使起车，驶出车辙沟。

E 在车辙沟中转弯，必须采用人车同一水平线的正倾斜"正压车"，如果采用"反压车"方式，在弯道中前后轮会相拧，其后果会驶出车辙沟，难免摔跤。

F 在车辙沟中转弯，腰背一定要保持弓弯，臀部力压坐垫，加强坐实坐垫，增强后轮对地面的抓地力，利于快速、稳定地通过车道沟。

G 无力地伸抬出内侧腿脚，特别是在深车辙沟弯道中，很难能顺畅地通过车辙沟弯道。

（3）起伏路弯道

赛车在数十上百次的通过弯道时，会自然形成不规则的，凸凹不同、间距不等的起伏路面弯道。其主要的技术动作有：

A 依自己的技术特点，视路面起伏的程度，选择坐姿和蹲站姿通过都可以。

B 通过起伏路弯道重要的是能主动及时、随时、随地浮起前轮，避免冲撞凸起的路面障碍。要求车手具备以下的技术动作：

正确的握把位置，可迅捷地做出加速，瞬间加出足够的油门，牵带双手臂顺势轻快地做出浮起前轮的提拉车把动作。

合理的双手臂关节角度，在加油门的同时，能轻巧地做出提拉车把动作浮起前轮。

达到以上两条，可以减小动作幅度，能满足连续、快节奏的随时、随地的提拉车把，使前轮浮离地面。

做到上述重要的前提是，坐姿或蹲站姿的重心位置要准。重心偏前，提拉车把动作困难，起不了前轮；重心偏后，前轮提拉高度难以把握。

（4）泥水弯道

过弯道倾斜车，后轮本身就减少了与地形的接触面，也就减弱了抓地力。泥水路面附着力弱，又一次减低了轮胎的抓地力，二者叠加增大了通过泥水弯道的难度，更需要强调一些技术动作的要领。

A 油门加速应温和，在泥水弯道中避免强劲的加速方式而出现突发摔倒。

B 不能突然、猛烈地放车，致使后轮抓不住湿滑地面而倒车。

C 适度减小车倾斜角度，能适当增加后轮与地形的接触面，有利于泥水弯道的通过。

D 挡排适中，既能保证后轮的抓地力，又不失去速度。如果低挡行驶，轮胎在湿滑路面减弱了附着力会出现打滑。更不要在泥水弯道中换挡，改变后轮对地面的附着力，不利于平稳的通过泥水弯道，出现意外摔跤。

（5）坡中弯道

突出的技术动作要领有：

A 重心。上下坡中的转弯在越野场地中少见，下坡尤其是斜面坡度大的下坡，很少有下坡途中转弯的设计。上下坡中的转弯通常选择坐姿通过，重心低、更稳当。

B 倾斜。上下坡中的转弯，相比较平地普通弯道，要减小车的倾斜角度，防止过度倾斜车辆，在与油门不当的配合时，坡中极易失衡，向内侧滑倒。

C 油门。上下坡中的转弯，相比较平地普通其他异型弯道，油门的使用更加柔和。不当的加速方式，后轮会出现突然的横滑，坡中更难以调整，不易挽救而摔倒。

D 体位。下坡的坡中转弯，坐的位置会不由自主地滑向前面，上体应明显减少前倾，适当抬起上身，甚至后仰，应当防止臀座位不自觉地向前滑移。这不仅可以扩大双手臂在下坡中转弯的调整空间，还能够防止重压前轮向内抠把倒车。上坡中的转弯相对普通弯道的转弯，上体倾斜加大，但是同时要避免臀部不自觉地向后滑移。

四、弯道训练

所有车手都明白，训练必不可少。从不断的长期训练中学习动作，体会要领，提升技术，才可能在比赛中，熟练运用技术动作，减少失误，提高速度。以下提出一些训练原则，虽与其他竞技体育项目的某些训练原则有共同性，但是其中提到的一些训练方法、手段是两轮摩托车越野运动弯道障碍所特有的。

（一）由慢到快的训练原则

作为一名新车手或遇到一个新弯道，开始训练时只有在慢速通过中，才有时间思考动作，静心体验动作，领会动作要领。

进入弯道不要盲目追求快速，只有在慢速中，才可能从容不迫、有条不紊地做出弯中动作。但是常见不少车手贪图速度，快速冲进弯道，手忙脚乱地出动作，做不好或体验不出弯道的动作技术要领。

（二）由简到繁的训练原则

先要选择在平整地面上的侧滑转弯训练。这种地面阻力小，规律性强。

1. 划圆圈的转弯练习

挑选周边无障碍物的平整场地，只要一块半径不超过10米左右的地方，先划圈，再成圆。专注单一不受限的划圈转弯练习，在具备规正的驾驶姿势的基础下，做出规范的转弯技术，定能断续地出现短暂的侧滑动作。要有不厌其烦的精神，数十上百次的重复练习，才能够做出长距离的、规律的、随心所欲的侧滑转弯动作，深刻地体验到转弯的侧滑技术。

（1）感觉倾斜车

①正倾斜

按照在静态下建立起来的模式化驾驶姿势，人与车同侧向、上下同水平线倾斜，倾斜时利用自身的重量放车，感觉到是"正压车"。强调不是利用外侧腿力压油箱，连同上体向外侧移动的"反压车"动作倾斜车。在倾斜车的同时加速并伸展内侧腿脚。划圈整个过程是温和的加油门方式，其速度只需维持不倒车，不引起侧滑即可。内侧腿脚伸展的力度与范围只起到配合速度，辅助人车平衡即可。

②不设限

在练习的开始阶段做出不断的快慢变速，但是不对速度、弧度、半径等设限。这种随意的练习，只为单纯地感觉在动态变速中能保持正倾斜状态。

（2）感知侧滑转弯

①只做侧滑

当做到随意变化速度，改变划圈的弧度、半径后仍能感觉到保持正倾斜的坐姿形态，再增加侧滑转弯的练习。上体保持驾姿形态，在人与车上下同一水平线的同时，车倾斜到一定角度后，除腿脚伸展外，无需做出其他任何动作。只要驾姿合规，臀坐压车座，坐对位置，正倾斜的同时伸展内侧腿，即刻要有明显的迅速又短促的加一把油门动作，随即会匪夷所思地出现侧滑转弯。在出现侧滑后会暂时破坏左右平衡，需要在持续加速的同时，及时做出双手紧握车把，双手臂内侧前推，外侧以拉为主、提把为辅的提拉车把，上体随之加大前倾，同时内侧腿随速度的提升增强向上的伸展力的调整，从而重新保持了侧滑中的人车平衡。需要提醒的是，不要改变人车同侧、同水平线上正倾斜的形态；坐的位置也不后移，内侧腿脚的伸展不回撤。

②不设限

这种练习同样在开始阶段对划圈的弧度、半径、速度等不设限，随意划圈，只是为充分、无忧虑地感知侧滑转弯：感知在侧滑转弯中是否保持了驾姿形态，感知侧滑转弯中的各个技术动作要领。

（3）感悟连续侧滑转弯

当车手经常性地能做出短暂加速，短距离侧滑后，表明已感知并初步体会侧滑的技术动作，再做连续平缓的油门加速、连续侧滑的划圈练习。这能让车手感悟到为连续侧滑中不断保持平衡而不改变正倾斜驾姿形态的困难，更能感悟到连续侧滑中增加了转弯技术动作调整的难度。这种练习的时间远大于前面的练习，需要耐心，才可能做到从感悟到掌握连续侧滑转弯的技术。

（4）设限的侧滑转弯

在经常性随意地能做出上述的侧滑转弯后，不再任由地侧滑，应该对划圈的半径开始设置限制。这种要求是为了提高侧滑转弯技术动作的指向性、准确性，提升侧滑转弯的规律性。先侧滑出不成圆的圈，而后成圆弧（不完整圆圈），进而对侧滑转弯的速度提出要求，以此增加侧滑转弯的难度。在平场地体验各种侧滑与变化的练习，是为在训练和比赛的场地中，实战应用侧滑转弯做准备。

（5）变换转弯方向的侧滑练习

从单一方向的划圈，再转换成相反方向的左或右转弯划圈。不同方向的侧滑转弯，虽然坐姿形态和技术动作相似，但是会出现心理问题。在左转弯划圈中，外侧右脚蹬前方有后制动器踏板，当划圈过程出现速度过快时，能通过后制动器降速，心里踏实。但是在右转弯划圈中，在外侧左脚蹬前方只有排挡杆，一旦速度过快，无后制动器降速，有心理担忧。练习中改变侧滑转弯的方向，逐渐消除心理作用，正常的左右转弯，贴合于在正式比赛路线左右转弯障碍的运用，也能够排除车手一个方向侧滑练习的单调与厌烦。此练习可以穿插在上述的侧滑转弯中。不仅如此，在左右转向的变挡中，随转弯半径的不同，对一次到位的倾斜角度、把握油门加速的使用程度，提出了更高的要求。

特别提醒，在侧滑转弯中，车手经常无意识地收缩外展的双手臂。由原适度的双手臂外展，较高位的双手握车把所能做出的外侧手臂提拉车把、内侧手臂前推车把的技术动作，错误地转变成双手臂向内收缩，不如意地加大了转弯半径，更容易出现前轮晃动内扣，会造成前轮横滑，当控制不好时，侧滑中会向内倒车。在收缩双手臂外展的同时，双手臂往往不自觉地紧张用力，并牵动腰部不必要的僵硬使力，也限制了转弯中腰部灵活的调整作用，影响转弯的预期半径和理想弧度的实现，破坏了原均匀、规律的侧滑转弯。

2. 摆放距离不等的两个桩筒做直线加转弯的练习

选择一块长度几十米以上、宽度在20米以内的平整场地练习。从单纯的划圈，过渡到直线加转弯的科目练习，干扰、打破了不断重复的、单纯的、规律的画圈侧滑转弯，无疑增加了侧滑转弯的准确半径、弧度、长度的难度，此练习接近了在赛道中的训练比赛的运用。

A 直线连接弯道，出现了弯前与前弯的连接环节，增添了衔接技术动作，演练在训练和比赛的路线中转弯的真实性。

B 开始练习时，杜绝快速的进弯。目的很清楚，平稳的进弯可以有条不紊的做出划圈练习时的正倾斜侧滑稳健的进弯。

C 增加了进弯前的降速技术动作环节，增添了连接入弯时更为复杂的速度、姿势、技术等衔接。因此在早期的练习中，主要目标是进弯后能出现稳健的侧滑转弯。可以暂不对侧滑的半径设限，更不对侧滑技术提出准确、规律的要求。

D 在基本能做出正倾斜的侧滑转弯后，进而要求侧滑转弯的规律性，对侧滑转弯的半径进行限制。需要掌握恰当的衔接动作的时机，倾斜角度的一次性到位，适宜的加速方式，衔接中身体与车接触的各位置和关节角度的准确性等。

E 锻炼车手的应变能力

在做到以上要求后，变化不同的进弯路线，会出现不同的倾斜车时机、角度与转弯的半径，检验车手在侧滑转弯时实践的运用与应变能力。

最后对接近弯道速度、进弯速度、弯中侧滑速度提出要求，增加其难度与实战性。

F 选择适当的机会，再改变转弯的左右方向，避免长时间的单向转弯练习导致的单调无趣而出现的疲劳。

只有在平场地练习中，在各种变化的情景下，达到熟练地掌握侧滑的技术动作，才有可能运用到场地越野的赛道上、比赛中。

（三）由易到难的训练原则

1. 普通的弯道过渡到另类的弯道练习

在普通弯道中，可练就弯道的基本技术，具有普遍的实用性。基础打好了，能够较快地适应并掌握异类弯道的各自技术要领。因此要先在普通弯道练习中学习、获得扎实的基本功后再转向各种异类弯道的练习。

2. 松软质地的路面过渡到困难路面的弯道练习

土与沙混合比例得当的松软路面可塑性好，抓地力强，车手敢于大胆地倾斜车，做出稳定的侧滑转弯，要先行练习。在硬质路面或泥泞水中转弯，抓地力减弱，不确定性强，对油门的使用也苛刻，侧滑转弯困难，失误率高，理应放在后面练习。

3. 平坦路面过渡到颠簸路面的弯道练习

平坦路面，意外少，通过规律性强，弯道的练习应从这种路面开始。颠簸的路面凸凹不平，破坏侧滑的规律性，增加了通过弯道的技术动作难度。因此应在熟练地掌握平坦路面的弯道技术后，练习颠簸路面的转弯。

4. 从无状况到人为制造状况的弯道练习

教练员在正常的弯道练习中，可以突然扔出一个软性可塑的物体，人为制造障碍物。模仿在真实的比赛中，可能意外出现的因弯道的视线不好，看不清众多前车的动向、突发的前车失误、不可预见的变线、无故的减速等紧急情况中能够迅速地躲闪变线，避免冲撞事故的发生，这是一种应急性、增加难度的实战性弯道练习。

5. 由外超高换平地转弯的练习

外超高如同一堵屏障"墙"，在适中的速度下，车手可以放心地倾斜车，体验转弯中在放松的腰部前提下，依靠自身的重量倾斜放车的动作，能够做出"标致"的正倾斜。当这些动作在外超高的转弯中能够熟练的出现，再转为平地的转弯练习大有益处。可以反复交叉练习，以出现效果为止。实践证明，这种练习明显有助于在平地路面上做出正倾斜的侧滑转弯。

（四）反复训练的原则

弯道障碍虽然人人都能通过，但是因其数量大、类别多，赛道中的每一个弯道都有不同的半径、不等的弧度、不一样长短的弧线，数十辆大马力赛车几百次通过，每次通过地面形状几乎都会发生变化，出现不可预见的复杂改变。因此，无疑需要反复的训练才能提高应变能力，熟练运用弯道技术动作。

任何一种运动项目都有自己的训练原则和无数的方法手段。以上只列举适合本项目特点，一些常用有效果的训练原则、方法和手段。教练和车手在自己的训练中可以选用并在实践中创新、丰富转弯的训练方法和手段。

因弯道障碍本身的特性，在两轮摩托车越野运动中弯道无疑扮演着重要角色，它对运动成绩有着重要的影响。不能因弯道障碍的易通过性而少练，更不可不练。

第四节 | 两轮摩托车场地越野运动的跳跃技术

　　无论是自然形成或人工机械堆建的土坎、平台、起伏路、上下坡等障碍，能为摩托车手驾驶的运动型两轮越野摩托车提供跳跃的条件。两轮摩托车越野运动中的跳跃，充分展示出又快、又远、又高的运动境界，是最具观赏性、最惊险、最刺激的竞技项目。它极大地吸引了众多青少年爱好者参与并投身此项运动。现代的两轮摩托车场地越野，特别是超级摩托车场地越野的跳跃，能在场地的周边或看台上全景式的观赏：数十辆威武雄气的赛车，光彩夺目的头盔与风镜，绚丽多彩的赛车服，优美的跳跃姿势，华丽的动作，炫目的技术，在空中出现前后连续不断的多车、多层次、立体状的飞跃。这一切呈现出一幅幅赏心悦目的惊艳画面，观众为此情不自禁地欢呼雀跃，到处呈现一片欢乐的海洋。

　　本文阐述的内容有：跳跃项目的划定，跳跃的障碍与方式，越野的跳跃，跳跃的4个重要元素，跳跃的步骤，跳跃中典型、常见的失误现象，跳跃的训练，发展趋势等。

　　在阐述跳跃的内容之前，先要说明本文主要针对经过训练，整体的运动水平在初、中级别的车手，可以跳跃常见的简单障碍。有必要对车手的身高予以划设，以便对建立模式化的跳跃驾驶姿势，虽达不到精准的量化，但可以给予常规化的定性标准。身高设在1.65～1.78米，这也是我国两轮摩托车越野运动车手常见的身高范围。

一、跳跃运动项目的划定

本文所述的摩托车跳跃，是指两个车轮的竞赛越野摩托车的跳跃。两轮技巧摩托车、三轮和四轮越野摩托车、雪地摩托车等的跳跃不在此列。

二、跳跃的障碍与方式

车手驾驶两轮越野竞赛摩托车，利用地形障碍，通过实施跳跃的技术动作要领，驱使车的前后轮驶离地面腾空，飞越不同种类的障碍。能够飞跃障碍，跳到预定的距离，平稳地降落在地面上为成功的跳跃。

（一）跳跃的障碍

能为两轮越野摩托车提供跳跃的常见障碍有土坎、平台、起伏路和上下坡。

1. 土坎跳跃

指从地面隆起的自然地形可跳跃的土堆，或人工机械推堆的土坎，经修整变为成型、成规的能跳跃的土坎障碍。可设计出不同长度、高度、角度、平整的出跳的上斜面，飞跃多坎的跳跃，必须是有下斜面的落地障碍，它们是当今场地越野跳跃的主要种类。

2. 平台跳跃

完全是机械堆建的高大梯形障碍。设计出便于起跳的，远长于车前后轴距的上斜面；可跨越或落跳的高长平台面；易于着陆的长于起跳上斜面的下斜面，有着不同的出跳上斜面和落地的下斜面角度，所有的路面必须是平整的。常见的平台有两类：

（1）常规型平台

形状规整的平台。它的起跳上斜面、平台面和落地下斜面都很平整。作为一种独立、常规的跳跃平台，出跳的上斜面长度、角度，平台高度、长度，落地的下斜面长度、角度等都要相互兼顾。

通常设计：起跳上斜面长度3～4米以上，高度2米以上，角度45°以下；平台面长度8～15米；落地的下斜面长度5米以上，角度30°以下。

平台的长度、高度，上下斜面的长度、高度、角度与飞行的距离相关。在超级场地越野赛中，有长达30米以上超长度可飞跨的平台面，与此相对应的起跳上斜面、落地的下斜面长度远大于普通平台；起、落的上下斜面角度，更要适合能跳得远、跃得高、落得稳的调整。其平台面，也可作为组合跳跃障碍中的落跳和起跳面。相对于两个及两个以上的土坎连跳障碍，平台跳跃是典型的飞得高、跳得远，相对简单又安全的一种障碍。

（2）异形平台

在起跳的上斜面上增加一个可再起跳的小坎。它的出跳不是在上斜面的末端，而是在上斜面中途的小坎出跳，正常出跳应飞过台平面，直接落在平台的下斜面。异形平台的台平面也可作为跳不到下斜面时的落地平面。此类平台的难度在于，进入上斜面后的起速距离缩短，斜面中的小坎长度更短，通常小于车的前后轴距，对起跳的动作提出了高要求，加大了起跳的技术难度。往往出现跳不到平台的下斜面，前轮或后轮撞击起跳上斜面的顶端，出现危险难以控制的前轮"栽头"落地。

3. 起伏路跳跃

指高低不平的自然地形或经越野赛车通过，路面遭到破坏后形成的凸凹不同的形状、距离、高度等起伏路面。人工和机械堆建的起伏路又有：相近的形状、距离、高度，业内俗称"搓板路"；不同的形状、距离、高度的成排无规律起伏路。需要指出，只有凸凹高低落差明显的起伏路才具备跳跃的条件。

4. 上下坡跳跃

远长于土坎和平台长度的上下坡面，坡面角度通常小于45°。大多数的上下坡是一种自然地形，但在超级越野场地赛中也出现了人工建造的上下坡障碍。高水平的车手能够从上坡顶端出跳，直接飞跃落到紧连的接近平地的下坡斜面末端。一跃而下数十米，观者心惊肉跳。

（二）跳跃的方式

有单障碍跳、两个或以上障碍的连跳（一次起跳完成飞跃的落地）、土坎单跳与连跳加平台跳混搭的组合跳。只有在人工堆建的障碍中才会出现如此复杂、令人惊心动魄的连续飞跃方式。

1. 单跳

一次起跳只完成一个障碍，在单个土坎或平台出现。土坎的单障碍跳跃直接落平地,车手近跳数米,远跳能有数十米的距离。平台跳跃通常设计能飞跃数米高的起跳上斜面,长度可在20米以上远距离的平台面,能平稳落在角度适宜长度足够的下斜面上。单障碍跳跃可以作为基础性科目练习,因为它可近跳也可远跳,可低跳也可高跳,跳跃的自由度大、选择性强、不受限。

2. 连跳

一次起跳可完成飞跃两个或两个以上的障碍,落在目标障碍的下斜面上。一次起跳飞跃两个障碍称为两连跳,也设有三连跳等。这种跳跃要求:一是要具备飞跃多个障碍的速度,跳到预定的距离;二是能跃起一定的高度跨越障碍的顶端;三是要准确地降落在能有加速距离的下斜面上端;四是要求车的前后轮基本平行于下斜面的平稳落地。无疑,连跳对车手的技术动作提出了高标准。跳不到距离,跃不过障碍,降不到下斜面上,落下斜面后无加速余地,落地不稳,不仅不能称为成功的连跳,而且可能引起严重的失误、摔跤,甚至出现重大人身伤害事故。初学者、技术不成熟者,先不要尝试连跳。

3. 组合跳

连续不间断的多次起跳,完成飞跃单跳(平台)、连跳等障碍的混搭组合。有一串可达近10个障碍的组合,是难度最大的跳跃。对准确的速度、规范的动作、精湛的技术、精良的衔接等提出了最高要求。其中的一次起跳和落地在速度、距离、车的倾斜角度和动作技术上的其中一个失误,都可能引起后面一连串的跳不到或跳过距离、跃不过障碍的顶端、降不到落地障碍的下斜面、前后轮不能与落地下斜面相平行的不平稳落地等欠缺和失败的跳跃。成功的连跳或组合跳是最具观赏性的跳跃,一连串的跳跃障碍中，能容纳十来辆赛车，它们有的在起跳，有的在空中，有的在落地，形成多层次的景象；有单障碍的低空跳、双障碍的中空跳、多障碍的高空跳，空中形成立体交错景观，惊险、刺激，美不胜收。

三、越野的跳跃

两轮摩托车越野的场地，可分为开放式和环闭式两种。

（一）开放式的天然地理越野路线中的跳跃

两轮越野摩托车完全在大自然环境中的沙漠、土丘、浅滩、泥泞、乱石等天然障碍，无人工铺设道路的路线上进行越野。代表性的赛事如越野拉力赛是多天、长时、远距离的点对点，特殊竞速赛段与行驶路赛段相结合的不同计时方式的比赛。当有跳跃障碍出现时，其跳跃的主要特点是：在竞速的赛段中不是始终追求最高速度、最远距离的跳跃，要以快速、顺利、安全的通过跳跃障碍为主，从长计议。典型的赛事有国内近十年连续举办的环塔越野拉力赛、近年举办的中国越野拉力赛、国际上最著名的达喀尔越野拉力赛等。

（二）环形封闭式的场地越野跳跃

从开始到结束，形成回路的封闭越野路线，赛道中设置不同种类障碍的跳跃。两轮越野摩托车比赛在1~2公里长的路线中：有弯道、车辙沟、沙土、泥水等障碍；可提供跳跃的土坎、平台、起伏路、上下坡等障碍，进行数圈或数十圈包含自然地形、自然地形结合人工堆建的，完全由人工与机械建成的多种各样的数十个跳跃障碍。

此种场地又可划分为3类的跳跃。

1. 越野场地的跳跃

俗称大越野的场地，也是一种环形封闭的场地越野类。以自然地形为主，经过人工修整的沟坑、坎、上下坡等障碍的跳跃。每个障碍之间的连接不紧密，中间往往有较长可放速的赛道。近年来为提高观赏性，在路线上增添了人工建造的单坎跳跃、两坎或以上的连跳障碍。这种场地跳跃的主要特点是，单障碍跳跃中开启最大的油门，以最快的速度飞跃障碍，急速飞跃距离可达惊人的三四十米。典型的赛事国内有全国摩托车越野锦标赛，国际上有世界摩托车越野锦标赛。

2. 场地越野的跳跃

在人工堆建和自然形成的跳跃障碍相结合的场地中比赛。此类场地跳跃障碍的主要特点是种类齐全：可单跳的土坎、平台；起伏路（包括"搓板路"）；有单个障碍和两个及以上障碍的连跳；坎与平台的单跳与连跳等连成一片丰富多彩的组合跳。代表性的赛事，国内有全国摩托车越野锦标赛，国际上有世界摩托车越野锦标赛。

3. 超级场地越野的跳跃

完全是在人工设计机械建造的以跳跃障碍为主，弯道障碍为辅的场地中比赛。跳跃障碍齐聚了两轮摩托车场地越野中的所有种类：多变的连跳障碍；最长距离的"搓板路"跳；最紧凑复杂的组合跳；最新奇的跳跃方式，做出车手所能达到极限的跳跃技术动作。目前国内有简化此种场地的全国摩托车越野锦标赛；国际上有类似世界摩托车越野锦标赛，美国举办的名副其实的超级越野摩托车赛（AMA）是世界顶级的两轮摩托车越野场地赛事，代表了当今世界最尖端的跳跃技术。

下面要了解跳跃的几个重要技术元素，认知了它，也就找到了解开跳跃技术这把锁的钥匙。

四、跳跃的4个重要元素

姿势、速度、技术和重心，这4个重要的元素在最大程度上决定跳跃的成功和安全。当然不可忽视车手的一般运动素质、运动专项素质、心理素质和训练水平，它们也是影响跳跃的因素。

（一）跳跃姿势

跳跃的基础性保障要素。

正确的跳跃姿势能引导出规范的起跳技术动作，确定并维护跳跃中的重心与平衡，减少体能的消耗，促进跳跃的安全，显然体现出基础性的保障作用。（详细作用见《解析举足轻重的两轮摩托车场地越野运动驾驶姿势》文中"驾驶姿势的意义"内容）

跳跃通常选用蹲姿。蹲姿可分为半蹲姿势和蹲站姿势，用于可供跳跃的起伏的颠簸路面、坎、平台、上下坡等跳跃障碍。

1. 半蹲姿势

（1）主要外观姿态

车手臀部抬离坐垫不远，运动中踝、膝关节角度通常在接近90°范围运动。

（2）主要用途

A 在凸凹起伏不大的路面上使用。

B 在某些近距离障碍的起跳和落地的连跳中选用。

C 在单跳与连跳的组合跳的最后一个障碍，接近落地时，为及早地衔接坐姿而采用半蹲姿势。

（3）主要优点

移动小、回位快、省时，利于某些障碍间的衔接。

（4）主要缺点

运动中半蹲姿势下的重心与平衡不易维持，经常出现重心不是偏前就是偏后的情况。必须依靠双手臂紧握用力前推或拉拽车把保持平衡。

半蹲的重心偏前。踝关节小于90°，膝关节略大于90°，此状态下虽暂时保持了人体前后平衡，但重心在前。运动中受障碍冲击时，重心极易受到破坏，此时需双手臂前推车把，从而维持平衡。不仅如此，因重心在前，起伏路中前轮易晃动，跳跃障碍中起跳时双手臂提拉车把费力，难以做出提拉车把的正确动作，更危险的是可能出现前轮朝下的出跳。

半蹲的重心偏后。踝关节处在等于或略大于90°，膝关节略大于90°。此状态下人体的重心已偏后，运动中需要依靠双手臂拉拽车把来维持前后的平衡，非常费力。不仅如此，它还妨碍做出提拉车把动作，常出现跃起后前轮拉车把过高的现象。

半蹲姿势在跳跃障碍上运用的范围小，存在重心明显不稳的缺陷，又因膝关节的伸展不够，动作局限性大，一旦遇到突发情况难以调整与挽救，存在危险隐患。初学者尤其要少用、慎用。

半蹲不应成为规范的蹲姿跳跃的模式。

2. 蹲站姿势

（1）主要外观姿态

车手既不是半蹲又没有直立，处在蹲与站的中间状态。

踝关节通常在90°左右活动、重心稳定，膝关节常处在120°以上运动。

（2）主要用途

A 运用在所有的起伏、颠簸路面。

B 运用在所有坎、台、坡的跳跃。

C 特别是人工机械建造的成排、密集、坎距和坎高相近的"搓板路"必用。

D 某些陡峭的起跳斜面与间距大的远跳、连跳障碍中必用。

E 尤其是在人工机械设置的多坎、密集、组合中的单跳与连跳障碍中必用。

（3）主要优点

A 起跳时蹲站起来，能轻易做出上肢双手臂瞬时先伸后屈的提拉车把动作，同时下肢双腿脚先屈后伸的起跳动作后，人与车能高跃弹起。

B 在空中蹲站起来，动作自由度大、活动范围广、"要得开"，有利于调整飞行全过程的重心与平衡。挽救因动作失误造成的起跳升空的失衡、空中制高点的失衡、滑降过程的失衡等。

C 在取得空中重心平衡后，蹲站姿能随意掌控下落滑行的时机，调整车下落滑行的角度，促使前轮先行着地，相当于延长了飞行的距离，弥补了因出跳速度不够，飞不到预定的距离，从而避免了撞击落地障碍上斜面的危险后果。

D 因蹲站姿在空中能灵活地调整车在滑降时的弧度，所以能做出理想的车的前后轮与落地障碍下斜面相平行的降落，防止前轮或后轮大落差的着地造成的反弹，可平稳安全的落地。

（4）主要缺点

A 因蹲站位置高，人体重心亦升高，平衡易受到破坏。

B 蹲站的调整范围广、活动空间大，体能消耗也增加。

由以上所述不难得出，蹲站姿自身虽有些许短板，但因有广泛的用途、明显的优势、可靠的安全性，应该树为蹲姿跳跃的模式，成为规范化的跳跃蹲姿，因此蹲站姿能够作为跳跃姿势的表达词语与代表姿势。

另外还需指出，在一连串的单跳和连跳的组合跳中，有采用坐姿的出跳或落地，但它不是一种常规的跳跃姿势。

采用坐姿出跳是基于：前一障碍落地后，因各种原因，下一障碍来不及蹲站起跳，只能坐姿出跳，在空中再调整为半蹲或蹲站；或者在单一的连跳中，起跳上斜面平坦，又有足够的起跳距离，与落地障碍距离又近，一些高手为节省体力采用坐姿出跳。

选用坐姿落地，多为所连接的下一障碍是弯道，并且紧密相连，但是它要求车手在落地前、空中提前倾斜车，同时伸展出内侧腿脚，是一种有利于衔接的姿势与动作。只有"身经百战"或怀揣"炉火纯青"跳跃技术的高手才能做出并应对、挽救在坐姿出跳或落地中出现突发意外的失误。对于跳跃技术不完善的选手，不建议使用存在潜在危险性的坐姿跳跃。

（二）跳跃速度

跳跃的前提要素。

飞离起跳障碍跳到预定的距离与地点，是跳跃的先决条件。速度不够，跳不出距离，跳不到预定的落点，再正确的姿势，再好的技术动作，再佳的重心，也无法完成跳跃的任务。

跳跃的速度可分为3段:进入起跳障碍前的速度，起跳障碍斜面上的速度，出起跳障碍上斜面顶端的速度。

1. 进入起跳障碍前的加速

指进入起跳障碍前的第一段加速，它有两种情况。

（1）短距离的加速

在驶入跳跃障碍之前，缺少甚至没有加速的距离。其速度主要来源于前一个障碍的驶出速度，为跳跃的基础性速度。它常出现在超级场地越野或障碍密集的场地越野中。

（2）有距离的加速

跳跃障碍前有一段赛道，能加出较高的速度，可作为跳跃的基本速度，是跳跃的主要速度来源。这种情况经常出现在以自然地形为主的越野场地及自然地形与人工建造相结合的场地中。

2. 起跳障碍斜面上的加速

指驶入起跳障碍上斜面的第二段加速，能起到"加油站"的作用。它又有3种情况:

（1）短斜面上的加速

斜面长度短于车轮的前后轴距，加速受限。有的短坎斜面几乎无加速距离，甚至为零加速。这种障碍可在超级场地越野中看到，它不是跳跃障碍的主要类型，在场地比赛中很少出现。其原因在于，此类障碍不仅跳不高、飞不远，无观赏性，而且技术性强，跳跃难度大，又容易出现危险的"栽头"现象。

（2）较长斜面上的加速

斜面长度大于车轮的前后轴距，有加速的距离和时间。通过斜面上的加速，提升已有的障碍前的速度，它能弥补障碍前的速度欠缺，是不可或缺的速度"加油站"，加速后应具备跳跃或飞跃障碍的基本速度。

（3）长斜面上的加速

斜面长度远大于车轮的前后轴距，有足够的加速距离和充裕的加速时间，最终促成跳跃的"达标"速度。

3.起跳障碍上斜面顶端的加速

跳跃的最后一段加速，是速度的"调节阀"，也是完成跳跃的最终速度。不仅决定跳出速度的快与慢、飞行距离的远与近，而且影响飞跃空中的高与低、飞行半径弧度的大与小。

障碍前的第一段加速和上障碍斜面的第二段加速，在跳到预定的距离速度欠缺时，出斜面顶端的最后一段加速给予弥补。

除客观的起跳障碍上斜面角度和长度的因素外，需要强调指出，出上斜面的油门加速动作的方式差别，如快捷与迟缓，猛烈与平和，明显影响车辆在空中半径弧度的大小、升空的高低，在很大的程度上决定能否跨越所飞障碍的制高点。其加速方式的选择，由所跨越障碍的高与低、落地障碍下斜面角度的陡与缓而定。

（三）跳跃技术

跳跃的根本要素。

技术动作是跳跃的抓手，承担着完成、安全实现跳跃的任务。即使速度足够，若没有娴熟地掌握动作要领，就没有过硬的技术，不可能从起跳、空中到最终圆满落地完成跳跃，因此技术动作是跳跃的根本因素。两轮摩托车越野运动中的跳跃，没有技术不能跳！要跳就是舍命冒险；当缺乏跳跃技术，进行跳跃障碍时不要贪图高跳、远跳，更不要盲目进行两坎或以上的连跳。一定要谨慎小心，实事求是，量力而行。否则失误不断，摔跤不少，甚至受伤，吃苦受罪。

为清楚分明地了解跳跃的技术动作，可将其划分为起跳、空中和落地3部分。

1. 起跳的技术动作

采用有优势的蹲站姿起跳。

（1）起跳时人体的运动方向

当由坐姿转换为蹲站姿起跳时，在基于规正的蹲站姿基础上，以由下而上的直线运动为主，车手整体位略后移为辅的运动方向与路线蹲起。它有以下作用：

A 是最捷径的姿势转换运动方向，最短的上下移动距离。

B 最小幅度的前后体位移动。

C 姿势转换后，能促进基本保持模式化的上体肢的驾驶形态，为下一障碍做出规范化的技术动作奠定基础。

（2）油门的加速

在出跳障碍的斜面上，是否加油门，加油门的大与小，跳出上斜面顶端时是否再加速，加速的急与缓，不同加油门方式的选择，由起跳斜面的路况、长度、角度，所飞跃障碍的高度、远度，落地障碍下斜面的角度、长度等多种因素决定。

需要关注的是，右手握车油门转把要在恰当的位置上，才能够在瞬间、快捷地加出饱满的油门所需要的速度。检验右手握车油门转把位置的标准是：在加出足够的油门速度后，双手臂能否轻快地做出提与拉相结合的提拉车把技术动作，在加大油门后，又可基本保持双手臂外展形态，不牵带上体下沉。

特别要提醒防止的是，在驶入起跳障碍前，进入大角度的上斜面坎后，出跳时因油门加速不够等速度欠缺，出现离开起跳障碍后，即刻前轮朝下，可能引起危险的"栽头"扎地严重失误现象。

（3）双手臂提拉车把

既不是因过高的站姿，出现的双手臂单纯提把动作，也不是因过低的半蹲姿或偏后的蹲站姿，形成向后方的拉把动作；而是基于规正的蹲站姿势，右手握油门转把的恰当位置，得力的双手臂腕、臂、肩等关节角度，才能做出提与拉车把相结合的规范技术动作。它伴有以下细节的技术动作：

在进行高跳或远跳，角度又大的斜面起跳时，必须借上体适度的前倾屈压，通过双手臂瞬时间快速地力压车把，促使双前减震器压缩。当双前减震器压缩结束，双手臂借前减震器自动反弹之势，迅速向斜上方的胸部做出与双减震器相平行的轻松提拉车把动作，带动前轮抬离地面起跳，防止出跳后，即刻出现无可挽救的、危险的人车前栽现象。

在双手臂提拉车把后，基本保持上体前倾屈形成的适宜前倾斜角度。这能限制提拉车把动作的行程，有效防止因上体抬起提拉车把用力过度而后仰，蹲站体位后移而失去重心，严重时会拉翻车。

（4）双腿脚起跳

要做出明显的下肢起跳的动作技术，与上体肢相配合，对形成足够高度的前后轮跃起，维持升空后的人车重心平衡起着重要作用。

借人体蹲站在脚蹬时的向下重力，再通过做出双膝踝关节的屈缩用力的动作，迫使后减震器或多或少的压缩。后减震器压缩结束，借自然反弹之势，双膝、踝关节迅速伸展，做出明显的下肢起跳动作，带动后轮弹起离地。

上述上肢双手臂提拉车把带动前轮离地的同时，下肢双腿脚先屈后伸带动后轮的弹起离地，予以同步协调的配合，这是典型规范的跳跃起跳技术动作，每个车手都有必要在训练中学会并常用。凡遇到跳坎，习惯性地做出这种跳跃动作，有备无患，能应对以下危情：在几乎无起跳斜面、无高度的短坎跳跃；起跳障碍上斜面角度平缓；所要跃过的障碍高于起跳障碍；起跳斜面凸凹不平，起伏大；起跳上斜面顶端有凸起等众多不良条件的跳跃情况时，必须采用上述典型的起跳技术动作。它能够挽救因出跳速度不够或起跳动作失误，形成的高抬前轮或最危险的前轮"栽头"现象。

2. 空中的技术动作

可划分为升空、空中与滑降3部分的技术动作。

（1）升空

继续保持双手臂提拉车把，防止过早的结束升空。过早结束升空既降低飞行的高度，又缩短飞行距离，致使提前滑降。

在升空的过程中，可以调整：升空欠妥的姿势；双手臂外展不足；双手握车把的位置不准；双手臂腕、肘、肩等关节角度过小或过大；重心偏前或偏后等，并做出一系列的技术动作调整。

（2）空中

飞跃到达空中高点时，已完成升空中的所有调整。做到规正的蹲站姿势，舒适的双手臂外展，适宜的双手握车把位置，适中的双脚踩踏脚蹬位置，适度的腕、肘、肩、膝、踝等关节角度，以上综合形成人与车良佳的重心，表明人车在空中处在最佳的平衡位置（可以用双手撒把，双脚悬空离开脚蹬的炫技动作表演来检验）。为做出理想的滑降飞行弧度调整，形成与落地障碍下斜面相平行的落地，选择准确的降落地段创造条件。在远距离跳跃，滞空时间长尤为明显，可随心所欲地做出各种技术动作的调整。

（3）滑降

如果跳跃速度不够，飞行距离欠缺，车手在空中能预感到难以降在落地障碍的下斜面上。此时在滑降的过程中，把握准确时机，做出双手臂推送车把，上体稍后仰动作，迫使前轮下降。这一做法能改变滑降的弧度，调整滑降的倾斜角度，防止后轮先着地，做到前轮先于后轮落到障碍的下斜面上。无形中延长了滑行距离，弥补了飞行距离的短缺，为最终能顺利落地创造条件。

滑降接近落地过程中，要适时准确地做出最后一次滑降的角度调整，以使车的前后轮能平行于落地障碍的下斜面平稳降落。

在滑降接近地面时，选择时机提前加一把油门，提高发动机的转数。在落地时，能帮助处在后动力轮的减震器缩短压缩行程，尽快伸展，避免高空落地时产生的剧烈反弹，以利平稳安全落地。

3. 落地的技术动作

在落地后所连接的下一障碍前，如果有一段较长的赛道距离，仍需要继续加速，不仅能避免中断油门后的人车颠起，而且可以在落地后，实现顺畅地衔接并高速度地接近下一个障碍。

车落平地，必须选用蹲站姿。落地前做出提拉车把同时伸展或屈缩膝踝关节（其选择，与空中和地面的落差及后面障碍类别及距离相关）的技术动作，并配合提前加油门以防止落地时的反弹，达到前后轮同时或后轮稍先于前轮的平稳落地。

车落下斜面，视后面障碍是跳跃、起伏还是弯道障碍，来决定采用蹲站姿或半蹲甚至坐姿落地。下斜面的落地前和落地后是否需要提前加速和连续加速，是否做出提拉车把的动作和踝、膝关节的伸屈，受落地后连接的障碍类别、距离和条件制约。

（四）跳跃重心

跳跃技术中的核心要素。

1. 重心的特征

重心依存在驾驶姿势里，融合在技术动作的实施中。重心不是一个独立体，因此无法作为一个单独的训练科目出现。在静态下，重心是具象的：已确立的人体蹲站姿，即是重心的具体位置。在运动中，重心是抽象的：在通过不同的障碍中，要做出相异的技术动作，重心游离不定、难以捕捉、摸不着、无法丈量。这表明，重心的隐蔽性、不确定性，在运动中难以把握。这种特征告知教练和车手，运动中掌控重心、取得平衡绝不是易事。这要从长时间训练体验中积累，不断在比赛的经验中总结，然而根本上要从精准的技术动作锤炼中获得。

2. 重心的作用

重心是精致、完善的技术动作的结晶。

有了稳定的重心，才敢于大胆地加速，赋予最快的速度实现跳跃。更为重要的，这是安全地完成跳跃最可靠的保证。有了驾驶姿势的奠基、速度的保证，再运用跳跃的基本技术动作，能完成跳跃。但是只有达到精致、完善的跳跃技术，才能出现最佳的重心、最稳定的平衡，可以无顾虑地"放肆"加速，做到以最高的速度，确保安全，在自由王国里任意驰骋，最终实现圆满成功的跳跃。

3. 影响重心的因素

主要有4个方面：跳跃障碍、驾驶姿势、加减速和技术动作。

（1）跳跃障碍

每一次通过坎、平台、起伏路、上下坡等可跳跃的地形障碍，会或多或少引起驾驶形态的变化，相关的关节角度改变，接触点位置的变动，甚至体位的移动等而影响重心。面对繁多的跳跃种类，异样的障碍形状，差别的障碍长、高和角度，不等的间距连跳障碍，通过时对重心都可能带来干扰或冲击。比赛中一圈有十数个跳跃障碍，一场比赛能有上百次的跳跃。跳跃障碍的复杂性、多样性对重心掌控的难度不言而喻。

（2）驾驶姿势

重心依存在驾驶姿势里，如果在静态下没能建立起模式化的蹲站姿势，也就没有确立好蹲站的重心位置。试图运动时在障碍、速度、技术动作等变化不断的跳跃中，短时间内找到或调整到重心位置很难，几乎不可能！因此必须在静态下先建立模式化的驾驶姿势，并做成百上千次的坐姿与蹲站姿相互转换的练习。在牢固地树立起人与车适宜的接触点位置、身体相关部位适度的关节角度等立体式的框架下，才能有力地抵抗跳跃中对重心的干扰和破坏。运动中以最小幅度的调整，才可能最大程度保持蹲站姿势，维持重心位置。必须认识到，需要长时间的训练、比赛中的千锤百炼，能够在运动中保持良佳重心位置的蹲站姿势，才能维持好跳跃中的平衡。

（3）加减速

每通过一个障碍，就有不止一次的加速和减速的调整。每一次的加减速，尤其是每一次急速的快加、疾收油门，引起强烈的速差，都能够干扰前后的重心。一场比赛有成百上千次的加减速，对重心的干扰冲击毋庸置疑。

（4）技术动作

跳跃障碍必须运用专项的技术动作来完成。在实施技术动作过程中，必然会产生或重或轻的动作力度调节；或大或小的关节角度调整；或多或少的人与车接触点位置的延变；体位或高或低的上下的移动等。由于重心融合在技术动作中，从而导致重心的改变。尤其对某些难度高的跳跃障碍、技术要求复杂的组合跳障碍、有姿势转换的障碍，对重心的影响更加突出。

4. 重心的维护

要依托以下条件:

A 确立的模式化蹲站姿势, 筑建起了牢固的结构框架, 起着整体性维护重心的作用。

B上下肢体与车各处的接触点, 是重心主要的支柱。

双手臂用力握车把的支撑。

蹲站姿时通过双脚赛靴踩踏脚蹬的支撑, 承接人体的重力。

坐姿时臀部在坐垫上对人体的支撑。

应急性地使用双腿紧夹油箱的临时性支撑。

C 接触点适宜的具体位置, 能助力支撑点维持重心。

双手高于车把两端水平线的握把位置, 能充分发挥双手臂部位力量的辅助支撑。

双脚赛靴中心部位踩踏脚蹬的位置, 能充足发挥腿脚的蹬力及全效承载人体的重力。

坐姿时臀部准确实坐在坐垫的位置上, 能全部承载人体重量, 起到牢固的重心定位, 运动中稳定地维持重心作用。

D 接触点相关部位适度的关节角度, 能加强接触点力的支撑, 而维持重心。

双手臂中腕、肘、肩等适度的关节角度 (见第二节《解析举足轻重的两轮摩托车场地越野运动驾驶姿势》) 及其合理的伸缩活动范围, 能吸收冲击能量, 加强双手握车把接触点与适宜位置的支撑力, 产生显著的辅助支持力。

双膝、双脚踝适度的关节角度及其合理的伸缩活动范围, 同样能吸收冲击能量, 双脚踩踏脚蹬的接触点与位置产生辅助支持力, 从而稳定前后左右重心。

臀部与坐垫小于90°的夹角, 能坐实在车上, 承载人体的全部重量, 产生坚固的坐姿支撑力而稳定重心。

上体弓背弯腰前倾压适当的角度，在运动中能灵活调整上下体肢的平衡而保持重心。

综上所述，模式化驾姿筑成的框架结构支撑：人体与车的接触点主要的支撑力，接触点适宜位置的助力，接触点身体相关部位适度的关节角度的辅力等产生的合力，保障了重心的确立以及稳定。

两轮摩托车越野的跳跃障碍，没有相同的形状、长度、高度、上下斜面的角度。在十数圈的比赛中，重心要经受千变万化的干扰、破坏，需要不断地调整，保持最佳的重心平衡，这种状态伴随运动的始终。由于重心本身的特征，在跳跃运动中对精准重心的追求，可能成为最难达到的目标。

为了全方位的了解跳跃，下面从跳跃的步骤展述跳跃的技术动作。

五、跳跃的步骤

按跳跃进程的前后顺序，可划分跳前、起跳、空中和落地4个阶段。

（一）跳前阶段

进入跳跃障碍前的准备阶段。

主要任务：选择跳跃姿势，奠定基础速度。

重点内容：姿势的准备和速度的储备。

1. 姿势的准备

选择坐姿、半蹲姿还是蹲站姿进入起跳障碍的上斜面，其依据是跳跃障碍前的路况，上障碍后的上斜面状况：针对路面的平整度、倾斜角度、长度、将要飞行的距离、飞跃的障碍高度等诸多因素，予以综合考虑。

2. 速度的储备

如果在进入跳跃的障碍前，缺少加速的距离，则进入跳跃障碍前的速度只能作为跳跃的基础速度；如果在跳跃障碍前有足够的加速距离，进入跳跃障碍前的速度则可以承担飞跃预定距离的基本速度。

（二）起跳阶段

主要任务：确定出跳姿势，启动跳跃技术动作，达到飞行距离和满足飞越高度的加速。

重点内容：通常选择蹲站姿出跳，饱满的油门加速出跳，实施完善的技术动作起跳，为空中动作技术的灵活调整奠定基础。

在起跳阶段又可分为进入起跳障碍的上斜面和上斜面顶端出跳两部分。

1. 进入上斜面

可再细分为起跳障碍前的路段与起跳障碍上斜面的连接部位（平面与斜面的连接）和进入起跳障碍上斜面两部分。

（1）连接部位

A 可以用半蹲姿势，最好以蹲站姿通过连接部位。车手能"无动作痕迹"轻快地做出：极小的加油门动作幅度，极快的双手臂提拉车把的动作节奏进入上斜面。当遇到起跳障碍前的路面与起跳障碍的斜面形成近似直角，几乎无起跳斜面长度的短坎时，尤为必要。

B 速度的调整。由赛道的平面路进入起跳障碍的上斜面，形成了或大或小的夹角。为防止前轮撞击，调减速度是必要的。斜面的倾斜角度越大，速度的调减亦越大。但无论怎样调节速度，其油门的减速调整，只是短促瞬间的抖动动作。此时要把握一个底线：上斜面后不能出现失速而被迫减挡，影响出跳的速度。

C 实施技术动作。调减速度后，紧接着加速并同时启动提拉车把的技术动作。要视斜面的角度，做出双手臂力量轻重程度不同的提拉车把动作，为的是使前轮以适宜的离地高度来衔接斜面的角度，避免前轮撞击斜面。必要提醒，双手臂提拉车把动作要小，甚至极小，几乎看不出提拉车把动作在用力。目的是避免动作幅度过大，导致体位的移动，来不及回位，妨碍再次及时做出跳出上斜面障碍的提拉车把的技术动作。

以上进入斜面连接部分的减速和加速，都是在极短的时间内完成。

（2）斜面部位

A 确定出跳姿势。建议在日常的练习中，进入无论何种角度的斜面，都不采用半蹲姿势，而是选择蹲站姿势，为有利的升空提前做好姿势准备。特别是在上斜面的路面状况差，角度大，半蹲姿出跳易出现失误，避免不了出跳升空后手忙脚乱地再做出蹲站姿调整，还不一定能做到位。

B 加速。有两种情况：一是障碍前加速不足，进入斜面速度欠缺，需要在斜面上再次加速而增速，保障出跳的基本速度。二是在较长的斜面上有足够的距离和时间加速，使之成为能够担负完成飞跃距离的基本速度。

C 在保持蹲站姿的前提下，已经准备好斜面出跳时，需要适合的上下肢与车接触点的位置；适宜的上体前倾弓背弯腰的曲度；适度的腕、肘、肩、膝、踝等关节角度。

2. 起跳障碍上斜面顶端的出跳

（1）蹲站姿出跳

是最佳的姿势选择。这种姿势在空中动作和重心的调整自由度大。更重要的是当起跳障碍斜面路况不良，如有车辙沟或凸凹不平的颠簸，特别是上斜面顶端有凸起，出跳后可能出现前后轮相拧失衡，或发生危险的前轮立即下坠，出现"栽头"的苗头时，采用蹲站姿势能够及时调整、纠正错误、挽救险情、化险为夷。

（2）斜面顶端的出跳加速

为弥补障碍前的速度欠缺，上斜面后的加速度又不足，作为跳跃最后机会，出跳障碍顶端的加速至关重要，它必须要达到飞行预定的落地障碍距离的速度。出斜面瞬间果断、干脆、快捷的加速方式，不仅保障了飞行距离，而且能起到提升飞行高度，形成良好弧度，保障能飞越障碍顶端的作用。

（3）出跳技术动作

在日常的练习中，车手要准备好上体适当的弓背弯腰前倾屈度，防止提拉车把过度；适度的腕、肘、肩外展角度，助力提拉车把。然后做出双手臂先伸展力压车把，再力度适宜地伸展提拉车把；与此同时双腿脚同步先屈后伸，力蹬脚蹬，上下肢协调一致地做出完整的典型的起跳技术动作，使前后轮同时跃起，达到理想的飞跃弧度与高度。

（4）极短斜面的短坎起跳

进入极短斜面就要即刻出跳，必须一气呵成，同时做到闪电般的回油门减速与再加速，双手臂瞬间提拉车把。在提拉车把之前，还要迅速做到在双手臂力压前双减震器的同时，双腿屈压后减震器，紧接着借前后减震器反弹之势，即刻加速，并且双手臂用力提拉车把，协调做出双腿伸展动作，促使前轮高抬起，后轮高弹起，此种最典型的起跳对技术要求很高。动作时机不准确，多种动作不同步协调，动作节奏缓慢，往往出现危险的车猛然"栽头"现象。此种障碍目前很少设置。

（三）空中阶段

主要任务：做出综合的调整，协调重心与平衡，为成功落地奠定基础。

重点内容：空中驾驶姿势，技术动作和重心。

车手在数十次不同种类的跳跃中，出跳时技术动作欠缺，甚至有失误是难免的。在空中虽然是无动力的飞行，但仍可以做出驾驶姿势、技术动作及重心的调整，用于改变飞行的弧度、弧线、距离，为平稳地落在坎、台、坡的斜面上创造条件。

1. 升空期

起跳后升空时，可能出现不到位或各种失误，因此在绝大多数情况下，升空期应采取蹲站姿势。它能做出最大程度的前后、左右的体位移动，最大自由度的动作技术的调整，为到达至高点时人车最佳的平衡提供条件。

当起跳后，升空中提拉车把过度，出现前轮高抬，需持续地蹲站，做出双手臂推送车把的同时，上体体位稍后移的动作技术，降低高抬的前轮，也是升空中重心与平衡的调整。

起跳后，升空中当提拉车把不足，出现前轮过早下坠时，迅速做出升高驾姿体位，近似到站立的同时，双手臂用力拉车把的动作技术，能挽救前轮过早下坠，同样也是空中重心与平衡的调整。

2. 空中制高点期

当车升跃到空中制高点时，车手半蹲或蹲站在车的适中位置上，车的前后轮在同一水平线上（在远距离的跳跃中出现），它表明人体在空中与车处在最佳的重心位置。此时车手在空中已在"自由王国"，能进行毫无顾忌地双手脱把，潇洒地展开双臂的表演。更重要的是预先为即将到来的滑降，创造出车能平行于落地障碍的下斜面的降落，调整飞行的距离、角度与落点的条件。

当飞行到达空中顶端，预估跳不到预定的距离时，选择时机做出推送车方向把的技术动作，改变飞行弧度、弧线，迫使前轮朝下，前轮先于后轮落地，扭转后轮先落地而跳不到预定距离的情况，无形中延长了飞行距离，从而弥补了因起跳速度的不足，跳不到预定的落地障碍距离的缺失。

3. 滑降期

如果落在平面赛道，在滑降过程中，必须采用蹲站姿势。接近地面时，做到前后轮基本保持在水平线状态。

如果落地为下斜面障碍时，在落地前，驾驶姿势可以逐渐调整为半蹲姿势，既降低了重心高度，又利于衔接紧密连接的弯道障碍的坐姿转弯。当连接的下一障碍是跳坎、跳台或"搓板路"

时，必须选择蹲站姿势，以利落地后的蹲站姿起跳的衔接。

（四）落地阶段

主要任务：准确平稳的落地，快速地驶离落地点。

重点内容：落地姿势、落地方式、落地加速和落地技术动作。

1.落地姿势

（1）平地着落

必须采用蹲站姿，能有效地避免因高低落差大产生的剧烈反弹，在落地前再加一把油门，可以明显缓解、克服落地后的反弹。

（2）斜面着落

降落在落地障碍的下斜面，可选用半蹲姿或蹲站姿甚至坐姿。如果落地后紧接弯道障碍，采用坐姿为好，这样利于通过弯道时与坐姿的衔接。落地后连接的是跳跃障碍，典型的、凸凹落差大的起伏路等障碍，采用蹲站姿为佳，这样利于以蹲站姿通过这些障碍的衔接。

2.落地方式

（1）平地着落

通常出现在单障碍跳跃，车的前后轮同时落地为好，也可以后轮稍先于前轮落地。如前轮先于后轮落地，因降落时高低落差大，前轮与地面形成大夹角时，双手握车把的手臂无力抵抗前轮冲击地面引起的震晃，会造成危险的"扎头"落地，很可能引发严重后果的失误摔跤。

（2）斜面着落

连跳中应该准确地落在障碍的下斜面上。同样是前后轮同时落地为好，也可前轮稍先于后轮落地，避免后轮先于前轮落地与下斜面形成的大夹角落差，出现前轮高下坠引起巨大的反弹，导致人车失去平衡，只能在车落地后再进行平衡调整，贻误了落地时的及时加速。另外还需注意，前后轮应降落在落地障碍下斜面的起始地段，利于落地后在斜面上有加速的距离和时间，便于提高落地后的速度，特别是能满足下一个起跳障碍的所需速度。

3.落地技术动作

（1）落地加速

落地后要延续落地前的不间断的持续加速，使后避震器刚触底时，因落地前的适时提前加速，提高了车在空中时发动机的转数，避免了落地后压缩到底形成严重的反弹，从而促使后轮飞快地驶离落地点，更快地接近下一障碍，表现出高效的衔接。必须指出，能否在落地前适时加出油门，落地时连续、饱满地加大油门，取决于落地前右手握车油门转把的位置是否恰当 。如握车把位置偏低，加油门行程短，加速则会受限。

（2）落地技术动作

在平地或凸凹不平的路面着落，必须在蹲站姿下，在加速的时，协调同步地做出双手臂提拉车把、双膝踝关节伸展的技术动作，防止人车被弹起。

在斜面上着落。首先要做到车的前后轮与落地障碍的下斜面成水平线的动作技术落地。是做双手臂提拉车把连带伸展双膝踝关节，还是选择双手臂收缩的同时做屈缩双膝踝关节的技术动作落地，需综合考虑落地斜面的路面状况、所要连接的下一障碍距离、连接障碍的种类等条件而决定。

六、值得推崇的跳跃

在有高手参加或高级别的国外比赛中，可以观察到对车手提高跳跃水平具有借鉴意义的一些"样本"跳跃，在连跳和组合跳中体现得尤为突出。

（一）不同距离的跳跃

在近距离（5 ～ 10米左右）的单、连跳跃中，从出跳、空中到落地的各个阶段，只有看不清的微小动作出现，其驾驶姿势和重心可以做到几乎无变化。在起跳和落地时，是典型、规范的技术动作。

在中距离（10～20米的长度）的单、连跳的起跳、空中、落地的3个阶段，动作力度小，幅度也不大，其驾驶姿势无明显的变化，重心只有以上下为主的移动，体现出娴熟的技术水平。

在远距离（20米以上）的单、连、组合跳的起跳、空中、落地的3个阶段，只有上下高低体位的变化，无显著的大幅度前后体位的移动；极简洁的起跳与落地的技术动作，只是动作幅度不大的调整；避免重心的过多变化，彰显出高超的技术水平。

（二）驾驶姿势

无论坐姿、半蹲姿或蹲站姿，在起跳、空中和落地时，中短距离跳跃，尽量做到不转换或减少转换姿势；中长距离跳跃，3种姿势相互转换为重心临近的姿势：譬如坐姿出跳，空中转换为半蹲姿；半蹲姿出跳，空中转换为蹲站姿；蹲站姿出跳，空中转换为半蹲姿。采用何种姿势落地，取决于落地后所连接的障碍种类与距离。

（三）技术动作

因为速度快，又是远距的跳跃，车手通常以简约的动作幅度、角度、力度，精准的人与车接触点位置等完成跳跃。起跳如出现失误，空中能做出及时灵活的修正调整，从而保障落地时的平稳和安全，显示出高超的空中掌控能力。

（四）重心

高手因出色精辟的技术动作，身体在车上的上下前后移位始终在最小的幅度范围内调整，重心在运动中就能保持在良佳位置上的平衡，这是安全落地的重要保障。

七、跳跃中几个常见的典型失误现象

能否跳到预定的距离，平稳地降落在平面赛道上、落地障碍的下斜面上、前后轮平行丁下斜面落地、平衡不反弹地落在下斜面准确的地段上，是衡量跳跃成功与失败，最为客观、直接、最终的标准。每一位车手无论在训练还是比赛中，跳不够目标距离，跳不到落地障碍的下斜面，不能平稳地降落在斜面上，出现失误甚至摔跤，都在所难免。可以通过不断练习，总结经验，查找原因，减少失误，更重要的是防止跳跃落地出现严重的人身伤害事故。

跳跃失误的主要原因，从驾驶姿势的缺陷、速度的欠缺、技术动作缺失等多方面去查找。

（一）跳不出足够的距离

指在连跳中，不能跳到所要着落障碍的下斜面目标距离，提前落在障碍迎面的上斜面上。常见的是前轮撞击落地障碍的上斜面，界内俗称"种上"了，引发高高弹起；更加危险的是前轮冲撞上斜面顶端，出现向前"栽头"现象。尤其是在远距离、高落差的连跳中，"栽头"落地会导致极为危险的人车前翻事故。其原因：

A 出跳时蹲站姿势偏低或偏后，致使双手握车把位置偏低，因此加不出饱满的油门，速度出不来。

B 加速问题。跳跃速度不够，是跳不出预定距离的最重要原因，因此说速度是跳跃的首要因素不为过。速度问题可以从3段加速中寻找答案。

（1）障碍前加速

驶上起跳障碍前的第一段加速往往是跳跃基础速度，尤其在远距离的连跳中，这段加速应达到基本满足跳到足够距离的速度。

（2）起跳障碍斜面上的加速

斜面上的第二段加速，是跳跃速度的重要"加油站"。此段加速可以作为跳够距离的速度补充。在长斜面的起跳障碍中，譬如平台跳跃的加速，甚至能够替代起跳障碍前的加速作用，成为飞到预定距离的基本速度。

（3）出上斜面顶端的加速

跳出起跳障碍斜面顶端的最后一段加速至关重要，起"催化剂"的作用。当前两段速度还不足以跳够距离时，必须靠出跳的最后的一把油门提升速度来弥补，完成预定的飞行距离。

任何一段的加速问题都会影响飞行距离。

（二）不能跨越障碍的制高点及在下斜面平顺的落地

在连跳中有足够的出跳速度，主要解决所需飞行的距离的问题。但是它还不能满足跨越障碍的制高点所需跃起的高度，以及与落地障碍下斜面形成水平线的平顺降落。后两者出现问题，主要是由于在起跳后，没能形成理想的飞行弧度，追其主要原因：

1. 出跳加速方式不对

在上斜面顶端出跳时，没能做到迅捷饱满地加油门出跳，车形成不了理想的速度与弧度，就跨越不了障碍的制高点。迟缓的加速方式，使车欠速，在空中只会出现平缓的弧度，也难以在滑降的过程中形成适合的倾斜度，影响车前后轮平行于下斜面的落地。

2. 出跳的技术欠缺和蹲站姿有缺陷

（1）没能在车出跳瞬间做出如下技术动作：双手臂压迫双减震器，待其反弹时顺势提拉车把抬起前轮，与此同时双膝踝关节先屈压，迫使后减震器收缩，紧接着借后减震器反弹之力，双膝踝关节再伸展，带动后轮形成前后轮同时跃起升空，达到足够高度的良好飞行弧度。必须指出因蹲站姿过低引起双手握车把位置过低，就不可能加出迅捷饱满的油门，更达不到所需的飞跃速度和高度。

（2）在滑降时也做不出双手臂推送方向把，上体略后仰，促使前轮向下倾斜到平行于落地障碍的下斜面的技术动作。

3. 出跳动作不协调

起跳后双手臂提拉车把、双膝踝关节伸展，没能协调、同步地完成，出现前轮过高抬起或后轮弹跃不足，很难出现理想的空中飞行弧度和空中重心的平衡，无法实现车前后轮平行于下斜面的平稳落地。

（三）前轮过早的落地

会出现危险性的"扎头"失败落地，可能发生人车前翻，造成严重的伤人事故。主要原因有：

A 在起跳障碍斜面的长度小于车前后轴距的情况下容易出现前轮过早落地。其原因在于：起跳加速时没能及时蹲站起来，来不及做出完整的提拉车把动作技术；蹲站位偏前，重心前移，难以做出提拉车把抬起前轮的动作；起跳加速的时间晚，加速短促、不足，速度出不来；起跳提拉车把的时机晚或动作力度不够；起跳加速、蹲站时机、提拉车把动作时机，没能同步、协调出现。

B 起跳障碍上斜面角度小，出跳加速时，未能做出明显的车能弹起的起跳腾空技术动作。

C 起跳时上肢双手臂提拉车把的动作力度小于下肢双膝踝关节先屈后伸带动后轮的起跳动作力度。

D 起跳斜面不平坦，车手又未能在上斜面做出前轮浮离地面的动作，出跳前人体被颠冲向前，重心被迫前掀，升空及落地前又未能调整过来。

（四）前轮抬起过高的落地

可能出现"人仰马翻"危险的落地，主要原因有：

1. 起跳障碍问题

起跳障碍斜面陡峭角度大，不易掌握双手臂提拉车把的力度，往往不自觉地提拉车把过度，落地前未能及时调整。

2. 起跳姿势问题

采用重心在后的半蹲姿势起跳，必然出现双手臂拉把、前轮抬起过高的出跳。升空后难以调整到人车重心平衡状态，致使出现前轮抬起过高的落地。

在起跳障碍上斜面角度大的情况下，油门加速过猛迫使人体重心后移，又未能及时地蹲站起来，车呈直立状态，落地前调整不过来。

3. 技术动作问题

下肢双膝踝关节没做先屈后伸的起跳动作，而是以腿脚用力蹬踏脚蹬的错误方式起跳，导致双手臂被迫提拉车把过度，高抬前轮，落地前又没能调整过来。

八、跳跃的训练

比较两轮摩托车场地越野运动中的弯道、车辙沟、泥泞水路、沙土等地形、地面障碍，跳跃障碍动作更多样，技术更复杂，障碍难度更大，危险性更高。两轮摩托车场地越野运动出现的严重事故，多数发生在跳跃障碍上。

跳跃中的腾空飞跃具有挑战性，对车手又有难以抵御的诱惑力。驾驶"高头大马"的越野摩托竞赛车，飞跃各种障碍，能充分表现男子汉的彪悍风格，体现勇敢精神，展现威武形象。但是在尚未了解障碍的难度与风险，并缺乏足够的训练时间，还没有熟练掌握技术动作的情况下，有的车手盲目上跳跃障碍科目，追求快速度，敢于冒险地高飞、远跳，发生的严重伤害事故不是个例。因此车手应提高对跳跃障碍的认知，教练要拿出科学、合理的训练办法，并对日常的训练提出严格、细致的要求，尽可能地防止发生重大的人身伤害事故。在此提出以下几条训练的建议：

（一）先弯道再跳跃

先做弯道练习。经过一段时间的训练，在熟练掌握油门、离合器、挡排、制动器等基本操纵动作，有能力控制速度的快慢后，再进行跳跃障碍的练习。避免跳跃中因机械操纵动作的低级失误，如速度失控、离合器使用不当、排空挡、制动降速过度致无效等引起危情。

（二）先听从再理解

先在教室静听教练的讲解，等到车手对跳跃障碍的特点、性质，跳跃的动作结构，技术要领等概念有初步的必要认识后，再上跳跃训练的科目。这时车手即使对很多概念尚未理解，也要严格按照教练的指导去练习。在长期的训练实践中，逐步予以理解也不晚。教练应以科学的训练方法、合理的训练手段指导训练，避免车手无知、无识、盲目地跳、危险地飞。

（三）先分析再训练

在所练习的跳跃障碍前，教练在现场先从障碍起跳的路面、角度、长度、出跳斜面顶端状况，进行全面的讲解；对跳跃的速度和技术动作的要点等进行仔细的分析、提出具体的要求，让车手在练习前做到心中有数，再进行训练。

（四）先爬再跳

如同孩童先爬、后走、再跳一样，在跳跃障碍练习前，车手先徒步视察起跳障碍的斜面、路面的状况。心里预估上斜面时加速的多少，预设斜面跳跃的点段与时机，然后再开始上车练习，先慢后快地做出跳跃的起跳技术动作。

（五）先高再低的蹲站姿

在静态下，车启动前，先从双脚蹲站车脚蹬的位置，踝、膝关节的角度，上体向前倾屈压，双手握车把位置，手臂外展，腕、肘、肩等关节角度中找准蹲站的驾姿定位。运动中先主动有限度地升高蹲站位，进行慢速练习。因升高蹲站位，提升了双手握车把位置，车手能便捷地做出全油门的加速，同时也能轻松地提拉车把，不费力地使前轮抬起离地。不仅如此，能在持续的加速中，再逐渐体验到，在双手臂提拉车把时，膝、踝关节角度略加大，蹲站位稍后移，同时上体弓背弯腰前屈压随之加大，惊喜地做出连续不间断的抬起前轮。当然要熟练掌握并能随意、随时、随地准确地做出抬起前轮高度的技术动作，需要较长时间的练习。随着练习时间的加长，持续不断的训练并伴随速度的提高，车手能自然而然地降低蹲站位，调整运动中的人车平衡，渐进地达到正常的蹲站位。

（六）先长再短

先选择起跳斜面长度在5米以上，体验有足够的上斜面加速距离，充裕的起跳动作的准备时间，能不忙乱、心里安定地起跳障碍，并可以在较长的斜面上自由调控油门的大小，掌控速度的快慢、出跳的缓急，然后再做斜面长度略高于车前后轴距的短斜面跳跃。在较熟练地掌握跳跃动作技术后，最后做有难度的斜面长度小于车前后轴距的短坎跳跃练习。

（七）先低再高

开始练习跳跃时，先选择高度低于1米、斜面角度近20°、长度5米左右低短的土坎。在适中速度跳出后，飞不高、跳不远、落地稳，不会出现拉翻或"栽头"前翻的危险。这种练习可消除开始跳跃时的畏惧心理，使车手安心地体会跳跃的技术动作。

（八）先近再远

从慢速的近距离跳，再进行逐渐加快速度的远距离跳。慢速中节奏给车手留有思考时间，可以从容地实施出跳的技术动作。近跳时即使技术欠缺、动作粗糙，也不会出现车落地后大幅度的摆动。远跳对前后轮落地的方式提出了高要求，挑战落地的平稳性，考验跳跃的技术。

（九）先缓再急

指加油门的方式。它影响飞跃的远近、高低，关乎动作的节奏、重心的稳定。

1. 平缓的加速

它减慢动作的节奏，留有做动作的时间，对人体前后的重心干扰小；升空高度有限，也跳不远，落地还平稳。

2. 急促的加速

缩短了动作时间，加快了动作节奏，干扰人体前后重心的掌控；出跳升空高、落差大，加大了平稳落地的难度。加速方式的快慢、急缓，显然关联跳跃的难度，对此要有清醒的认识。

（十）先单再双

1. 单障碍跳跃

这种跳跃对飞行距离无限制，无需跨越障碍，没有跳跃高度的要求，落地方式相比较连跳的难度小。经过一段时间的训练，在把控了跳跃的速度，达到预设的飞跃距离，能做出前后轮弹跃升空的动作技术后，再做两个障碍的连跳训练。

2. 双障碍的连跳

A 连跳对飞跃的远近有严格要求，首先必须要跳到落地障碍的距离。

B 连跳对飞跃的高度有严格要求，必须要能飞越过障碍的顶端后落地。

C 连跳对落地的准确位置和角度有严格要求，需要降落在落地障碍的下斜面上，并要求车前后轮平行于下斜面或前轮稍先于后轮的落地。

连跳的难度大大增加。教练一定要管控车手，不能使其过早地进行连跳练习。在尚未掌控速度、飞行远度、飞跃高度、人与车在空中重心的平衡时，不要盲目做连跳，避免连跳中出现严重的失误，造成重大的伤害事故。

可先进行平台练习，飞行从5～7米加长到10米左右的距离，从中体会姿势、速度、技术动作及重心等，基本掌握跳跃的技术动作要领，树立自信心后，再进行20米以内的长距离远跳、5米左右短距离的连跳。以后进行逐渐拉长距离、升高障碍高度的训练，做到有安全保障的跳跃。

只有在连跳中达到速度、距离、落点准确，在空中基本做到人车的重心平衡，如意掌控滑降中车的倾斜角度，平稳的落地，才可以再进行最复杂、难度最高的组合跳。

九、发展趋势

据了解并粗浅分析，近几年国内外在两轮摩托车场地越野赛的跳跃类项目上，有如下的动态及发展趋势：

A 自然地形场地中的跳跃与人工建造场地中的跳跃，其跳跃项目的设计愈发互补与融合。

B 自然地形中的跳跃障碍与人工建造中的跳跃障碍，结合得越来越紧密。

C 完全由机械堆建人工辅修，以跳跃障碍为主，弯道障碍为辅的超级场地越野赛，更加受到观众的青睐。

D 跳跃的障碍变化大：数量越来越多，种类越来越广，密度越来越大，组合越来越复杂，样式越来越新奇，主要出现在AMA上。

为提高安全性，起跳的上斜面与落地下斜面越来越长；明显减缓了上下斜面的陡度；出跳与落地的上下斜面顶端面愈发平缓。

E 跳跃障碍的变化促进技术动作明显提升

跳跃距离越来越远——达30米以外。

跳跃升空越来越高——离地3米以上。

跳跃姿势越来越多——坐姿、半蹲姿、蹲站姿的混搭。

跳跃式样越来越花——空中甩尾、变向增多。

跳跃技术越来越难——对飞跃的速度、距离、技术，动作的时机、精准性、协调性，重心转移与平衡的把控，节奏的掌控等提出更高的要求。

为适应变化与发展，从事两轮摩托车场地越野运动的教练，必须对本运动项目的性质和特征有清醒的认识，在训练中拿出科学、合理的方法、手段，提出更严格的要求，保障高质量、快速度和安全地完成跳跃。

车队和车手为此要尽可能的做到：

有专业化的训练。

专业的车手装备，专用的竞赛车，专项的训练场地和专职的教练，现场有专职医生和救护车等。

有全面综合的训练。

身体训练、驾姿训练、技术训练、战术训练、心理训练和保修车辆的训练。

有长期系统的训练。

项目的性质和跳跃的特点，决定了跳跃必须要进行多年的从简到繁、由易到难的训练。

　　虽然当前因种种原因，许多条件难以具备，但是要努力创造条件，逐渐实现以上的训练。在跳跃中，只有少失误、少受伤，不出大事故，高速、安全地成功跳跃，才能从跳跃中品味出真谛，获得真正的乐趣，在跳跃障碍上，为比赛取得好成绩做出保障！

第五节 | 不可或缺的两轮摩托车场地越野运动衔接技术

　　20世纪80年代，有不少日本在役或已转成教练的两轮越野摩托车著名车手到我国讲学。在教学训练中，他们上车做示范，我国车手跟跑练习，并且从某一个障碍的开始到结束予以计时。经过多节课的训练，我国车手动作模仿得颇像，单一障碍的速度竟然与教练相差不多，效果不错，日本教练很高兴。之后在进行了几个单项训练后，串联起来再做计时分段训练时，则动作变样，速度相差悬殊，令日本教练大所失望，在场的各省市教练和车手当时都倍感困惑。其实答案不难找到，问题出在每两个障碍之间的连接环节上，是衔接的技术问题！跑出好的成绩，障碍的通过技术重要性毋庸置疑，但是衔接技术也必不可缺，只不过后来才悟出这个道理。

　　自己当运动员时未接受过衔接训练，记忆中也没有看到、听到其他省市运动队进行过衔接训练。经过几十年亲历带队训练、比赛及培训的实践，深感在两轮摩托车越野运动中有必要，也能够提炼出衔接技术的内容，必须进行衔接技术的专项训练。

　　下面从衔接的范围、衔接技术的概念、衔接的任务、衔接技术的特征、衔接的阶段划分、衔接技术的内容、衔接的训练等进行较为系统、简洁的阐述。力图从中表明，衔接可成为独门独类的技术，区别于两轮摩托车越野运动众多的障碍技术。其作用举足轻重，有着不可替代的独立地位。

此篇文章只是针对两轮摩托车环闭场地越野的衔接技术。

一、衔接的范围

指从上一障碍结束阶段的收尾技术动作，过渡到下一障碍开始阶段出现新的连接技术动作的过程。

二、衔接技术的概念

障碍与障碍之间的连接，车手通过独特的非障碍性的衔接技术来完成。是一项既摒弃又有延续上一障碍的收尾动作，与下一障碍起始动作相结合的复合型技术。衔接含有驾驶姿势的转换（或不转换的变动）、技术动作的转变、重心的转移、障碍之间连接路线等不同内容。

三、衔接的任务

A 为即将通过的下一障碍开始阶段，从驾驶姿势、技术动作、重心、路线选择等做好全面的准备。

B 为最大程度地发挥下一障碍的技术动作，从障碍的起始阶段，能出现规范的技术动作奠定充分的基础。

C 为进入下一障碍能尽早地启动油门、尽快地加速，提供有利的条件。

衔接技术本身不是障碍的通过技术，它不直接彰显所要通过连接的障碍技术和速度效益，表现的是一种沟通前后障碍的过渡性中间技术环节，它既是衔接的任务，更能体现出衔接的功能。

四、衔接技术的特征

场地越野过程，因连续不断地通过所设置的所有障碍，所以必须要用不间断的衔接技术，完成每两个障碍之间的所有连接。

两轮摩托车场地越野的衔接技术有其鲜明的特征。

（一）衔接内容的广泛性

它包括驾驶姿势，技术动作（方向、力度、幅度、角度、位置、重心、节奏），路线选择等多种衔接。

（二）衔接技术的全方位性

有人与车支撑点的增减；人体上下、左右、前后的体位移动；人与车接触位置的变化；上下体肢关节角度不同幅度的伸缩；人车与障碍之间上下、左右、前后的重心与平衡的变动等，是人体多部位动作、多维度的协同衔接。

（三）衔接动作的叠加性

衔接中的多种动作在总体上不可分割，不可各自实施。经常要在同时、同步、协调中瞬间完成。在超级越野比赛中，具有繁多的障碍数量、密集连续的障碍设置，因此衔接在复杂的连跳和组合跳中表现得尤其明显。

（四）衔接技术的无规范化

赛道中障碍多种多类，它们之间的排列无规律、无程序。

衔接技术无规范。不同种类的障碍技术，虽然有很大的差别，但同一种类障碍有各自统一的技术动作要领，而非障碍性的衔接技术，却没有统一的技术动作要领。

（五）衔接的频繁性

封闭路线中，一次全程的训练或比赛，每两个障碍之间就有一次连接，衔接次数远多于各种类、各自障碍的数量与通过的次数。

从衔接技术众多的特性中不难得出，衔接技术虽没有自身独立的技术动作要领，但因其量大、多样，对运动成绩有着非常重要的影响，因此应该成为独门的一种技术，有必要也能够作为专项类别进行训练。

五、衔接的阶段划分

为清楚了解衔接的过程，衔接可以划分为3个阶段。

（一）开始阶段

衔接的准备阶段，它包括两部分。

终结上一障碍的技术，终止其收尾动作的全部或部分，收得愈早愈好，愈快愈好。

启动衔接：在终止上一障碍的技术动作时，已出现下一障碍的驾驶初始形态；也隐含了下一障碍的初期动作，为全面的衔接做好充足的准备。

（二）中间阶段

衔接的中心阶段，全面展开衔接：它涵盖驾驶姿势的转换、重心的转移、技术动作的转变等内容。此阶段总体要求做到，体位移动少、距离短，动作速度快、幅度小，在最短的时间内实现姿势的转换、重心的转移、技术动作的转变等衔接。

（三）结束阶段

衔接的核心阶段，不仅要全部完成衔接的技术动作，同时还需要为下一障碍的开始阶段提供模式化的驾驶姿势、适宜的人与车所有接触点的位置、适度的上下体肢各关节角度、准确的重心位置等规范化的技术动作，同时还需所有内容一次性到位。不仅如此，还要预选好进入下一障碍的连接路线。

3个阶段是人为划分的，如"放大镜"般放大的衔接过程，在实际衔接的操作中，没有阶段、没有间隔，衔接技术动作要一气呵成地完成。

优秀的车手，在运动中会瞬间、准确、一次性完成衔接技术动作。若要达到以上要求，没有常年的磨炼很难做到。

六、衔接技术的内容

下面细述驾驶姿势的转换、技术动作的转变、重心的转移和障碍之间连接路线等内容的衔接。

需要说明，每一次障碍与障碍之间的衔接，不一定齐全了姿势、重心、技术等内容。它是依据障碍之间不同的类别连接，采用某一种或多种的衔接。

　　另有无姿势转换的一些衔接。例如，弯道中左与右相连的转弯都以坐姿通过；用蹲站姿需通过跳跃方式，完成土坎（台）、起伏路、上下坡等之间的衔接，无姿势转换。总体来说，无驾驶姿势的转换与有驾驶姿势的转换相比较，其动作力度、角度、幅度、重心、方向等诸多技术方面，变化小而少。

（一）姿势的转换衔接

1. 坐姿与蹲站姿各自驾驶形态的模式化

　　笔者经过几十年的教学、训练实践，并观看众多国际、世界级两轮摩托车场地越野比赛的录像与现场观摩，提出并总结出：坐姿与蹲站姿中的上下体肢，无论通过何种、哪类的障碍衔接，其各自整体的驾驶形态应是相似的，这表明驾驶姿势是模式化的，对赋予障碍技术动作的规范化，有着重大的意义。

　　它既显示又隐含多方面的重要功能：

　　模式化的驾驶形态，树立起的姿势架构，可建立起规正的驾驶姿势，同时也确定了人体在车上的重心位置。

　　模式化的驾驶姿势，为下一障碍实施规范的起始技术动作创造了必要的条件。

　　模式化的驾驶姿势，运动中可以明显节省体能。

　　模式化的驾驶姿势促进高效的衔接。

　　模式化的驾驶姿势，提高通过障碍的安全性，是避免出现重大事故的重要保障条件。

2. 无论通过何种、哪类越野障碍，坐姿与蹲站姿相互转换衔接后，其上体肢的驾驶形态是相似的，呈现出模式化

在坐姿与蹲站姿相互转换时，不可避免地会出现上下重心大范围的移动和下肢双膝、踝关节角度大幅度的改变，但是上体肢的驾姿却要基本保持上体前倾弓背弯腰的形态，上肢双手臂外展的形态也是相似的，双手握车把的位置，双手臂中腕、肘、肩等关节角度，上体前倾的角度等，随着姿势的转换只有自然延续性的调整。其有着重要的作用：

A 基本保持上体肢的驾驶姿势，车手在通过下一个障碍的起始阶段时，能够为做出规范化技术动作创造条件。

模式化的上体肢姿势形态，为坐姿与蹲站姿的相互转换带来上下体位适宜的移动轨道，促成短捷的运动路径。

转换后规正的上体肢驾驶姿势，给予了适宜的双手握车把位置，为即将通过的障碍提供增效的支撑力，能够为油门的全加速提供条件。

转换后规正的上体肢驾驶姿势，赋予了上肢各关节适度的角度，在运动中为各关节角度相连的手、臂、肩等上肢部位提供坚强又轻巧的用力。

B 当完成了坐姿与蹲站姿的相互转换，为即将通过的新障碍完全准备好规正的上体肢驾驶姿势，节省了障碍的初始阶段调整技术动作的宝贵时间，提高了衔接的效率。

3. 坐姿与蹲站姿的相互转换

（1）坐姿转换蹲站姿

出现在弯道障碍连接可跳跃的土坎、起伏路、上下坡等障碍。

① **运动方向**

双脚用力踩踏脚蹬，迅速蹲站起来。以垂直方向蹲站起为主、适当后移为辅的斜直线路径的运动，是最捷径的体位移动路线，在其他部位的配合协同下，也是帮助到达最佳蹲站重心位置的运动路线。

② **驾驶形态**

基本保持上肢双手臂适度的外展、上体自然弓背弯腰形态，但上体前倾压适度加大降低重心，是为防止在蹲站人体升高时的加速失衡而做的调整，也为双手正确握把位置创造条件。

③ **接触点位置**

A 双手握车把位置随坐姿转换成蹲站姿，握把向上方自然移动。

B 双脚赛靴由挂靠脚蹬转换成中心部位踩踏脚蹬。此位置变化非常重要，它很大程度上影响在运动时蹲站的前后重心倾向。

④ **关节角度**

A 下肢膝关节部位蹲站后大幅度伸展，车手虽存在身高差别，但膝关节角度通常都要大于120°，既能做出缓解颠簸震动的伸展与收缩两种运动，又能避免体位前后失衡，失去重心。

B 踝关节角度90°为最佳，是保持上体重心的最好角度，防止重心偏前或靠后。

（2）蹲站姿转换坐姿

出现在土坎、起伏路、上下坡等障碍与弯道障碍的连接。

① 运动方向

蹲站体位由上而下，略前移，沿斜直线方向移动坐下。这是短捷的体位移动路径，也是帮助达到最快移动速度、便于臀部坐到坐垫重心位置的运动路线。

② 驾驶形态

基本保持上肢双臂适度外展、上体自然弓背弯腰形态。当坐下时需减少上体前倾压，头部随之略抬起。其原因是坐姿降低了重心，又增加了臀部的支撑点而应做的小调整。

③ 接触点位置

A 随蹲站转换成坐姿，双手握车把位置自然向下移动，要平于或高于车把两端的水平线。

B 双脚赛靴由蹲站时的中心位置踩踏，转换成坐姿后，在正常通过障碍的情况下，变化为无需用力的赛靴后跟前沿挂靠在脚蹬上。

④ 关节角度

A 转换坐姿，无论身高、坐高有多大的差异，下肢双膝关节需大幅度屈缩，要小于90°，防止大角度的膝关节致使臀部所坐位置偏后，重心后移，也能避免在运动中不经意的无用有害的用力踩踏脚蹬而虚坐在车垫上。

B 脚踝关节大幅度向下伸展，踝关节远大于90°。这种变化很重要，它能够避免在转弯中，有意识或无意识用脚垂直蹬踏脚蹬牵引外侧腰部的不应有的紧张使力，从而形成臀部虚坐在坐垫上，限制了转弯中内侧腿的伸展与灵活的调整，因此不能达到理想的转弯半径。

（二）技术动作的转变衔接

是内容广泛的一种衔接。它主要涵盖速度、幅度、力度、关节的角度等诸多技术动作方面。

以下从改变驾驶姿势，不改变驾驶姿势的技术动作衔接予以阐述。

1. 转换驾驶姿势（坐姿与蹲站姿相互之间）的技术动作衔接

当出现坐姿与蹲站姿相互转换时，其上体肢部位和下肢部位的技术动作衔接有很大的差别。

（1）上体肢技术动作的衔接

转换驾姿，但基本保持上体肢的驾驶形态，因此上体肢技术动作的衔接不是根本性的改变，只是动作的传承，小幅度的延续性伸展与屈缩的变化调整。

原因是准备衔接下一不同种类障碍的起始动作时，其上体肢驾姿形态与原驾姿是相近的，只要延续原有上体肢基本的驾驶形态，作为下一障碍开始时的驾驶姿势，这对减少技术动作的调整有明显作用。

① 蹲站姿转换成坐姿

因增加了臀部一个支撑点，可适当减少上体前倾压角度，能促进臀部更实、更有力地坐在坐垫上，从而增加后轮对地面的附着力。

② 坐姿转换成蹲站姿

在升高体位时，为应对在通过不同种类障碍和加减速的变化时对平衡的破坏，延续弓背弯腰不变，只是适度加大上体前倾压角度，促使在蹲站中扩大人体与车前后的空间。有利于做出到位的双手臂轻力提拉车把技术动作，也便于更加灵动的前后、左右大范围的调整，增大了调整上体肢平衡的空间，应对在跳跃升空中难免的失误。

③ 位置与关节角度

A 随坐姿与蹲站姿的相互转换带来体位的升与降，双手握车把位置自然的延续性地随之微调。它并不改变手握车把腕关节趋向180°的角度及高于车把的水平线这一技术要求，能够为下一障碍准备好：不仅能饱满地加出油门，而且手臂还可以有力地支撑、保持上体形态，协助重心的保持。

B 延续双手臂自然适度外展的形态，基本保持腕、肘、肩等关节部位的角度。只是随蹲站姿体位的升高、坐姿体位的降低，双手臂延续性的自然伸展与收缩，各关节角度随之做出微幅的角度调整。这样规范了下一障碍的起始动作，使之能沿着正确的运动方向，节省力度，缩小幅度，应对快节奏通过障碍的需要。

（2）下体肢技术动作的衔接

下体肢技术动作的衔接是一次根本性的改变。

① 接触点的增减

A 由蹲站姿转换成坐姿。

增加了一个臀部坐在坐垫上新的支撑人体的点位，正常情况下，应坐在车坐垫的中间部位，车手因身高、坐高的不同及转弯的需要可小幅调整前后位置。应该强调的是，必须要坐实在坐垫上。运动中正常情况下，要避免有意和无意的双脚用力踩踏脚蹬，虚坐在坐垫上，在转弯中大油门加速时，因不能实坐在坐垫上，臀部被迫后移，从而改变了适合的重心坐位，必然影响下一障碍的衔接。

双脚在脚蹬位置上有明显变化。双脚赛靴由中心位置的踩蹬，转换为在常态情况下，无需用力地用赛靴的后跟前沿部位钩挂在脚蹬上；双膝贴靠在油箱上，当遇到剧烈颠簸情况时，可及时地用双脚向后方用力蹬脚蹬，同时双腿紧力夹油箱，形成人车一体，帮助维持转弯倾斜中的重心平衡。

B 由坐姿转换成蹲站姿势。

减少了坐姿时臀部与坐垫的一个支撑点，需增强蹲站姿的支撑点力度，因此由双脚赛靴的后跟挂靠脚蹬改变成双脚赛靴中心位置的踩踏脚蹬，此位置足够承载人体的全部重力，其作用明显：在土坎、起伏路的跳跃障碍时，能有力地蹬踏脚蹬，做出有弹性力的起跳动作，无需做出明显的身体前后移动，人体只是简单地由下而上的稍后移，基本是斜直线的起跳动作，利于升空后轻易地维持重心。在通过大起伏路，有体位前后重心移动时，脚虽由水平方向的踩踏变换为脚尖向上、脚跟朝下，但双脚仍然站在脚蹬的原中心位置，无蹬站位置的移动，所以能及时回位，因此不会失去重心。

转换成蹲站姿的过程中，当遇大的颠簸时，双腿用力夹紧车体、双脚贴紧车体并力蹬脚蹬形成合力，弥补因缺少坐姿时臀部的支撑带来的弱化重心平衡的缺失，以稳定重心。

② 下肢各关节的角度变化大

A 由坐姿转换为蹲站姿时，膝关节角度伸展成远大于90°的大钝角，约在120°～150°；踝关节角度呈90°。膝、踝关节通过有效的屈伸范围，能够缓冲地形障碍引起的颠簸，起到减震的作用。同时还能在与双脚中心位置的踩踏脚蹬、上体前倾弓背弯腰的下压、双手臂外展提拉车把的共同配合下，在跳跃中防止出现过高抬起前轮或被动的前轮下坠。

B 由蹲站姿转换成坐姿时，膝关节由大于120°转换为远小于90°，成小锐角的屈缩；双脚由踩踏转变为钩挂脚蹬，踝关节向下伸展，由90°左右转换为150°左右的伸展。正常情况下，应避免双脚用力踩蹬脚蹬，因它致使无益牵动腰部的使力，有碍转弯中人车的正向倾斜和腰部的灵活摆动调整。

2. 不转换驾驶姿势（同一的坐姿或蹲站姿）的技术动作衔接

（1）坐姿时左右转弯相互之间的技术动作衔接

① 坐姿驾驶形态基本保持

A 上体弓背弯腰的前倾压角度。

B 双手臂外展的程度；双手握车把位置；腕、肘、肩下等关节部位的角度。

C 臀部坐在车坐垫上的位置。

② 动作的方向是截然相反的衔接

A 人与车向左和右迅速倾斜换向，依据转弯速度和半径，要做到一次到位的倾斜角度衔接。

B 在适合倾斜角度的同时，及时改变伸出的左右不同的内侧平衡腿。腿部伸展趋直，脚尖向上，腿脚的内缩外展的角度、伸展力度、离地高度要与转弯半径相吻合，与转弯速度相匹配：速度快，转弯半径大，腿脚伸展力度强、离地高、外展角度小；速度慢、转弯半径小，则相反。

（2）蹲站姿跳跃时的土坎、起伏路、上下坡等障碍相互之间的技术动作衔接

蹲站的整体驾驶形态基本没有改变，其技术动作有小幅变化。

主要表现为人在车上整体或局部上下体肢有前后不同幅度的移动，随移动而产生的相关部位只有小的延续变化调整，而不是改变。

A 保持上体的弓背弯腰前倾压角度。

B 在某些障碍的衔接中，有人体小幅度的前移或后移，双手握车把位置必要地随身体移动，自然地向上或向下微调。这能影响：在即将通过的障碍做提拉车把的动作方向；手及腕关节，臂及肘、肩关节是否能用上力和用力程度的大小；做出提拉车把的快慢节奏等技术动作。

C 保持持续有力的双手握车把支撑，双腿脚强力蹬踏脚蹬的支撑。

D 双手臂外展时的腕、肘、肩下等关节部位的角度，随体位的前后移动，做自然的小幅度延伸与收缩。

E 下肢中的膝、踝关节部位的角度，人体如有上下、前后小幅度移动的变化，随之做出自然的伸展与屈缩调整，之后及时回位。

F 下肢双脚在脚蹬上的位置不变。

在障碍密集的场地上高速行驶，通常情况下，衔接动作的时机要提前，动作速度要加快，动作节奏也必然要提高。

（三）重心的转移衔接

越野运动有种类、数量众多的障碍，但是没有一个障碍是完全相同的，都存在不同程度的差异。运动中在通过不同障碍时，人体重心一定会出现忽大忽小的变化、或远或近的转移。

1. 重心转移的特点

有其突出的特征。

（1）游离性

只要车一动，速度一起来，一旦进入不同种类的障碍，重心自始至终受到干扰、冲击，在不停地或多或少地移动变化。

（2）隐蔽性

重心的衔接同样依存在驾驶姿势的转换中，融合在技术动作的转变里。看不清也摸不着，难以捕捉，无独立性。

（3）依附性

重心的移动与其后重心的确定，受制于众多的技术因素，如动作方向、位置、力度、幅度、角度等变化。

以上的特点表明，重心衔接的难度大，在衔接的训练中，重心环节难以作为独立的训练科目出现。

2. 重心衔接的作用

重心是技术中重要的一员。要想在运动中获得最佳重心，所有的技术动作必须达到最精准的程度、最及时的调整，才能获得最佳的重心平衡，因此重心是技术的结晶。

重心衔接带来的核心价值是，运动中不断调整后的平衡维持。它表现在人与车的动态平衡，人车一体与通过地面、地形障碍的不断变化中的动态平衡。

只有实施精准的技术动作衔接，才会有良佳的重心平衡，才可能敢于加到最大油门，勇于跑出最快速度，无安全方面的顾忧。

特别是在人造的、连排的起伏路障碍中，当高速度通过障碍时，高频率的技术动作调整中重心衔接所带来的最佳平衡，提供了最为可靠的安全保障，能避免重大事故的发生。

3. 重心衔接的内容

（1）上下重心之间的相互转移

其衔接是一次大幅度的移动。

它伴随跳跃土坎、起伏路、上下坡等障碍的蹲站姿势与弯道障碍的坐姿相互之间转换而出现。

① 从低位的坐姿重心升移到高位的蹲站重心

A 运动中双脚由钩挂在脚蹬上，迅速转变为有力地踩踏脚蹬蹲站起来，转换成双脚赛靴的中心部位踩踏脚蹬。以蹲站时稳定的重心支撑位置得以承载人体的全部重量，从而加强重心的保持。

B 由原来坐在车上的双手、双脚、臀部5个接触支撑点，减少到蹲站姿的双手和双脚与车的4个接触支撑点。在少了一个支撑点又升高了重心位置后，高速运动中还需一次完成蹲起，并要找准蹲站的重心位置。延续弓背弯腰并加大适当的前倾尤为重要，这为在运动中找到上下体肢的平衡，维持重心，起到中枢的调整作用，以此填补坐姿坚实、稳定的重心支撑点。

C 起到协助稳定重心的双手握车把准确位置，辅助维持重心的上肢双手臂适宜的各关节角度，下肢膝踝关节适合的关节角度，需要一次转换到位。

以上同时协调一致地做出重心衔接非常不易。

② 由高位的蹲站重心转移到低位的坐姿重心

A 动态中要瞬间做到由高往低的移位。在高速中要一次找到适合自己身高、体重在坐垫上准确落坐的重心位置。

B 不仅如此，还需兼顾做到延续保持弓背弯腰不变形，促进臀部坐实在坐垫上支撑人体重力，坐压车的后轮，增强与地面的抓地力，最终可起到稳定所坐位置重心的作用，此时可减少上体的前倾度。

C 与此同时，在运动中还要不断地做到双脚或虚或实、虚实交替地钩挂在脚蹬上的支撑。当赛道路面出现平坦与颠簸的不同状况时，需要双脚变换虚与实地钩挂在脚蹬上，达到正常行驶中因虚挂放松而省力，非正常行驶状态下因实挂用力以巩固重心。

由上而下迅速的重心转移；一次性准确找到所坐重心位置；弓背弯腰下臀部坐实坐垫稳定重心；脚虚实交替钩挂脚蹬，适时地保持增强重心。同时、协调地做到上述四合一衔接很不容易。

（2）左右重心之间的相互转移

其衔接是一次重心方向的改变。

它主要出现在没有姿势转换的同一坐姿状态下，左右弯道相互的转弯中。左右重心之间衔接的主要内容有：

A 要快速地左右倾斜摆动，实现转换方向倾斜中的重心衔接。

B 左右倾斜角度与转弯半径相匹配，对重心的平衡很重要。

C 在倾斜转移中，油门加速时机的早晚，能否及时，有着重要的维持倾斜中重心平衡的作用。

D 与此同时，辅助平衡重心的内容有：内侧腿脚适时地伸展；适合的上下、内外伸展的方位；因速度的高低而改变伸展强弱力度等，它们关联左右重心的衔接。

以上能否同时、同步、及时、协调一致地出现在重心转移的衔接中，都会不同程度地影响即将出现的左右转弯时的重心平衡。

（3）前后重心的相互转移

其衔接是一次小幅度的重心变化。

主要出现在以同一蹲站姿，准备用跳跃的方式在土坎、起伏路与上下坡障碍相互之间的衔接中。

A 前后重心转移时，动态相对小，移动幅度有限，不存在蹲站姿与坐姿转换时的上下重心的大转移，也没有坐姿转弯时的左右大幅度重心倾斜摆动的大转变。

B 发生在发车环节中。车手坐姿出发后，常见整个体位主动后移重心，以此加大后车轮对地面的接触面，增强附着力；同时前轮略抬起离开地面，减少与凸起地面的撞击，达到平稳行驶、提高速度的目的。在数十米的直线行驶中，当接近弯道障碍时，体位逐渐前移，重心再调整到坐姿或蹲站姿的前后适宜重心位置。

C 在连续的起伏路或典型的"搓板路"通过中，视坎距、坎高与速度，车手做出整体或局部的上体肢小幅度、快节奏的前后移动，维持通过障碍时的重心平衡。

上下、左右、前后三种重心的衔接，在同一障碍中，有的只出现一种，有时出现两种，还有可能同时出现三种。在出现多种重心转移时，通常以一种为主转换移动。

（四）障碍之间连接路线的衔接

障碍之间赛道的路线连接，虽不是一种技术类型的衔接，但如果连接的路线选择不当，能明显发生速度受挫或造成被后车超越的情况，因此应当重视连接路线的衔接。

车手在连接的路线选择上应有以下的考量。

1. 路面地质条件的选择

常规的两轮摩托车场地越野赛道中，不论是自然地理条件形成还是人工建造的场地路面，都不允许有水泥、柏油、砖石等。

常见的路面质地有土、沙、泥、水等，它们形成干与湿、软与硬、泥泞与浅水等的综合路面赛道。共识的选择应该是土与沙搭配比例适当，干与湿条件适宜，具有良好抓地力的松软路面。在这种质地路面中后轮与地面的附着力强。

2. 路面地形条件的选择

在高层级的赛事或高级别的车手通过连接路线后，严格意义上讲赛道上几乎没有平坦的路面。赛道上有大大小小的凸起与凹陷，形成了许多不规则的起伏、深浅不一的车辙沟路面。但是在一般级别的赛事中或刚开始训练和比赛时，有相对平坦的路面。无疑车手会选择平坦和小起伏的地形路面，它不颠簸、体力消耗少、速度快、安全性强。

3. 行驶路线的选择

业内共识，把连接障碍、原本不划分赛道的路线，习惯性地分为内、中、外3条路线。选择内、中或外线有以下考虑：

首先选择质地、地形良好的路面赛道，利于通过时的稳定和速度的发挥。

通常选择离下一障碍最近，距离最短的内线通过。除非有前车阻挡，不得已选中线或有外超高的外线。一般不作变线，不走"冤枉"路。

如连接的下·障碍是跳跃，要顾及坎坡的路面、长度、角度；连接的是弯道障碍，要衡量通过的半径大小、路面的状况，甚至还要联想到下一个障碍的连接条件，去选择路线。

车手们都知晓，需要在瞬间选择出适合自己习惯和技术特点的正确路线，否则会错失良机。选择不当或错误，不仅发挥不了自身的技术特长，影响速度，还可能导致在连接路线上被超车。

4. 障碍之间赛道的路线选择训练

无论是在直线，还是带有弯道性质的障碍连接路线，除通常选择抓地力强的松软质地、较为平坦路面的赛道外，还有必要考量是否有利于进入所连接障碍的地形、质地、路面等条件。

如果是带有小弧度的弯道、短距的连接路线，要选择适合车手自身技术特长、行驶习惯特点的路线。在无前后车的干扰，自己单独通过弯道时，为比赛储备好一条可平稳顺畅、跑出速度的最理想的连接路线。

在熟练地掌握一条或内、或中、或外的连接路线后，还必须练习其他的两条连接路线。这是实战的需要，否则在比赛中遇到有前车阻挡，临时选择另一条通过路线，尤其是通过带有弯道特点的连接路线时会措手不及，不仅速度受限，会被后车超越，还可能出现失误甚至摔跤。

在比赛中跟行前一辆慢车时，为防止碰撞或要超越慢速度的前车，还需在连接性的赛道上进行变线行驶练习，这是比赛中不可避免的，经常会出现的情况。因此日常的训练中要增加必要的内、中、外变线练习，以备无患。

七、衔接训练

不可否认当前不少车队的车手、教练员对衔接概念和技术存在模糊认识，对衔接内容欠缺了解，很少或者没有独立的衔接训练，对衔接训练从何下手茫然无策。笔者从长时间的教学实践证实，有必要、也能够进行专项的衔接训练。

衔接表面看是瞬间完成的一次简单的过程，实质上却是一种高度融合性的技术体现。衔接技术区别于众多的障碍技术，虽然没有像各种类障碍技术一样有自身的技术动作要领，但是仍可以归属为一种独特类别的衔接技术进行训练。衔接训练是提高运动成绩所需，它不仅成就了障碍技术，而且提高了全程比赛成绩，因此必须进行衔接的专项训练。

如同每个障碍要进行单项训练一样，衔接的训练要与单项障碍训练区别开来，进行两个障碍之间衔接的专项训练。衔接训练要从每两个障碍之间的衔接开始，只有在每两个障碍之间流畅、快速的衔接成功后，再过渡到多个障碍之间的分段衔接训练，当把全部的障碍训练和衔接训练串联起来，进行全程训练时，才能够最终跑出高速度的好成绩。

衔接的训练可以分为车静态下的和运动中的两种训练，而且车静态下衔接训练在先，车运动中衔接训练在后。

（一）车在静态下进行的衔接练习

衔接的训练无疑主要在运动中进行，但是有必要也能够先在车静态下进行训练。这种练习不仅有充足时间"细嚼慢咽"地检验、纠正、调整，而且要强调在静态下，必须严格做到驾驶姿势转换后的模式化，严谨地达到人与车各接触点准确的位置和关节角度。只有符合此标准，才有可能在动态（运动）中逐渐实现，坐姿与蹲站姿相互转换，技术动作与重心的衔接，能够一次性地、利索地、准确地到位。实践证明，车在静态下，进行坐姿与蹲站姿相互转换的衔接训练，是最有效的运动衔接训练的补充方式。

需要强调，车在静态下的衔接训练，必须是在已经建立起模式化的驾驶姿势的前提下进行（参见第二节解析举足轻重的两轮摩托车场地越野运动驾驶姿势）。

平稳支撑车，不启动发动机，在静态下进行坐姿与蹲站姿之间相互转换的练习。一次训练少则数十次，多则上百次。虽然这种练习不免单调、枯燥，但是它非常有益于在运动中姿势转换的到位。只有在静态练习中，做到熟练的姿势转换，才能移植到运动中，经过长期的训练，形成模式化的驾姿。

1."先定形再定位"的姿势转换训练

先定形，就是在姿势转换中，先检验驾驶形态，即驾驶姿势。当经过检验后，通过纠正，要达到模式化的驾驶姿势。虽然是轮廓性的，但它确立了合理的驾驶姿势框架结构。只有在确立了驾驶姿势后，再确定衔接中的技术动作，即人与车各具体接触点的位置、人体各相关的关节角度等。

支撑驾驶姿势主要依靠：上体肢适度的前屈弓背弯腰，双手臂适宜的外展；下体肢臀部适宜的坐位，膝踝关节适度的角度等的定形。在确立了驾驶姿势转换成为模式化后，再确定与技术动作和重心相关的人与车各接触点准确位置、人体各相关的准确关节角度。

2.定位的衔接训练

定位的衔接训练，本质上是技术动作的转变衔接训练。定位衔接主要指人与车的接触点、人体相关关节角度的变化。静态时在不动的条件下要细抠，根据每个车手不同身高和坐高，在姿势转换后每个接触点位置、关节角度都要准确到位，才可以做到在运动变化中，从位置、关节角度逐渐实现准确的到位，这需要长时间的衔接训练才可能完成。

坐姿状态下，要关注双手握车把的位置，臀部在坐垫上的位置，双脚在脚蹬上的位置等；上体前倾的弓背弯腰度，双手臂的腕、肘、肩关节角度，臀部与坐垫之间的角度。

蹲站姿状态下，要关注双手握车把位置，双脚在脚蹬上的蹲站位置等；上体前倾的弓背弯腰，双手臂的腕、肘、肩关节角度。

在不同的坐姿与蹲站姿中，如此多的位置与关节角度，如果在静态姿势转换后，做不到一次性的准确到位，那么运动时，在不停地过障碍技术动作变化中，不可能做到基本到位，更不可能一次性准确到位！

（二）车在动态下进行的衔接练习

运动中通过不同障碍，速度快慢发生变化，在每次障碍间的衔接时，驾驶姿势会出现转换，技术动作会发生或大或小的改变，与静态下的衔接练习相比较，极大地增加了衔接的难度。基于衔接训练的诸多性质特征，因此要有长期训练的思想准备。

衔接的无规范化特征，意味着衔接训练无统一标准；衔接的频繁性特征，表示在每一圈有数十次的衔接；衔接内容的广泛性、全方位性和叠加性特征，决定了只有做到精准的细致的所有技术动作元素的到位，才能够出现流畅快速的衔接效果。

高效能的衔接训练绝不是"一日之功"，必须要有耐心的心理准备，要想做好每一个衔接，没有长时间的训练是不可能的。

1. 运动中技术动作的衔接训练

摩托越野运动没有相同的障碍，前后障碍衔接的技术动作不一，在细节上千差万别。又因衔接的内容广泛而复杂，技术动作多样而细致，因此运动中的衔接无法一一列举，也难以归纳。在此只能从某些训练方法着手，促进衔接技术训练的效果。

（1）先检"形"，再查"位"

在运动中先从驾驶姿势（形态）的转换衔接后开始检验。体现先要搭好"骨架"，再备好部件。驾驶姿势就是"骨架"，"骨架"不牢就会塌陷。驾驶姿势如果建立的不牢固，当运动中不可避免地受到各种原因的干扰冲击，会变形甚至破坏原建立起的模式化驾驶姿势，姿势转换后，要继续保持模式化的驾驶姿势中接触点的位置、关节角度等成为了空话，也就无从谈起从新障碍的开始阶段出现规范化的技术动作。

从大量的运动实践中可证实：一直以来，车手在通过障碍中出现各种各样的技术动作问题时，教练员通常直接纠正其障碍技术动作问题，但是车手以后还会反复犯同一错误。其原因在于，表现出来的技术问题是其表象，错误不是障碍技术动作的要领问题，真正的原因是开始做障碍技术动作时，驾驶姿势中人与车某些接触支撑点的位置有偏差或一些关节角度存在缺陷，引起的障碍技术动作问题；再追根溯源，或许是在静态下没有建立起模式化的驾驶姿势，驾驶姿势在无转换或转换衔接后，没有基本保持上体肢的原驾驶形态，其他部位的接触点没有做到支撑的适宜位置，没有达到适度的关节角度所致。

所以需要在衔接后先检验驾驶姿势（形态），后检查技术动作（位置、角度）问题，往往可以得到事半功倍的效果。

（2）先检"下"，再查"上"

指由坐姿转换为蹲站姿后的技术动作衔接，先从检验下肢的双脚踩踏脚蹬位置、膝踝关节角度开始；再检查上体的前倾弓背弯腰角度，双手臂外展程度，双手握车把位置，腕、肘、肩等关节角度。

转换成蹲站姿的衔接后，先检验蹲站姿的双脚赛靴是否踩踏在脚蹬的中心位置；踝关节在90°、膝关节在120°以上，不仅能完全承载人体的重量，并且成为确定蹲站姿最佳重心的最重要条件。之后再检查上体肢，是否确立了适度的前倾弓背弯腰角度、适宜的双手臂外展程度，双手握车把位置，适度的腕、肘、肩等关节角度等；它们辅助了蹲站姿重心的确立，完成了姿势的重心和技术动作的衔接。

在运动衔接的练习中，若与上相反，先检"上"再查"下"，颠倒顺序，等于找不到衔接问题的结症，"瞎忙活"。

（3）先检"坐"，再查"上"，最后抓"下"

指由蹲站姿转换为坐姿的技术动作衔接训练后，先从检验坐姿的位置开始，再检查上体肢的双手臂外展、双手握车把位置、上体的前倾弓背弯腰角度，最后"抓"双脚在脚蹬上的位置和踝关节角度、双膝的关节角度。

转换成坐姿的衔接后，先检验车手依据自己的身高、坐高，确定臀部在车上的具体位置（它牵连双手握车把位置和双手臂各关节角度的定位），此位置是决定坐姿重心的主要条件。上体前倾弓背弯腰后，臀部与坐垫形成小于90°的锐角，此角度表明人体已实坐在坐垫上。再检查双手握车把位置，它影响能否做出有力并轻快的提拉（方向）车把的动作技术。双手臂外展的程度，腕、肘、肩适度的关节角度，它能显著助力双手臂提拉车把，缓解外来的冲击力。最后再确定双脚赛靴不用力地钩挂在脚蹬上，脚尖朝下，踝关节远大于90°，双膝小于90°的屈缩，正常情况下无需用力地贴靠在油箱上，此状态下不会引起臀部虚坐在坐垫上，也不会牵动外侧腰的僵硬用力而无法进行灵活地调整。

如果颠倒了检查、纠正、调整的顺序，会达不到正确的位置和关节角度所起的作用。

在反复纠正技术动作中运动方向、力度、幅度等问题和错误时，如效果不好，不妨试试从驾驶姿势中人与车接触点的不同位置、各关节角度中寻找问题，从纠正位置和关节角度入手解决问题。

2. 衔接的技术内容繁多，训练中可采用分解法

将衔接的接触点位置、动作速度、方向、角度、幅度等技术分解练习。每一次的衔接训练可选择一项或多项内容，做到重点关注。在达到效果后，逐渐实现所有的衔接内容。避免"眉毛胡子一把抓"而顾此失彼，一无所获。

3. 无论何种衔接训练都要先从低速开始

开始训练时，一定要降低上一障碍的尾速和下一障碍的进速，以此放缓衔接的动作速度，降低衔接节奏。给予时间去思考，不慌忙、有条不稳地体验动作，品味衔接技术的细节。

从慢速衔接中收获了技术动作衔接的体验后，再加快上一障碍的出速、下一障碍的进速。这缩短了衔接时间，从而提高了衔接的动作速度，加快了衔接节奏，在高速度中检验、强化衔接的技术动作。

综上所述，衔接技术是环形封闭场地越野运动技术的一分子，有自身的独特价值：它为体现上一障碍的尽快结束，下一障碍尽早开始的顺畅连接服务；为充分发挥下一个所连接的障碍技术动作，为完美跑出全程的速度服务；最终为优异成绩的取得提供保障，因此衔接技术应该有其重要的地位。在两轮摩托车场地越野运动中，衔接技术和衔接训练不能轻视，更不可或缺！

第六节 摩托车赛前的心理准备

在现代运动训练中，心理训练的地位和作用越发明显，特别是在比赛双方（集体或个人）实力相当，争夺十分激烈时，心理品质的优劣、心理素质的强弱，在比赛中就成为决定胜负的关键因素之一。

摩托车越野赛是一项技术复杂，竞争性强的运动项目。它的比赛是由30～40辆摩托车，同在长度1.5～5公里，宽度5～7米的封闭路线和障碍上进行。同一路线，同一地形，同一障碍，几十辆车同时竞速，这不仅是体能、技能、战术、车辆上的比试，而且也是一场心理、心智的较量。我们不难看到有的运动员车辆不错，身体素质、技术动作很好，平日训练水平不低，但是在比赛中跑不出水平，不断出现失误动作和摔跤现象，创不出优异成绩。究其原因，除战术因素外，心理因素是至关重要的。

下面结合戴文利在赛前心理准备及训练方面的情况谈谈几点具体做法：

一、明确比赛任务

明确比赛任务就是确定比赛的奋斗目标。目标定高了，运动员就会产生心理负担，其结果适得其反；任务定低了，运动员掉以轻心，难以取得好成绩，因此确定适宜的奋斗目标是重要的。目标的制定有赖于做到"知己知彼"。首先要掌握我方、对方队员体力、技术、训练水平以及心理特点等情况，然后加以对比、分析、研究，找出有利与不利因素，从而确定比赛任务。通过对比分析看出，戴文利在训练水平和技术上较主要对手稍站优势，体力相当，但是在赛前心理训练方面还不足，如果赛前在心理上进行有针对性的强化训练，就会取得更好成绩。

　　戴文利1984年4月入队，同年参加全国比赛，比赛车型125cc，取得第11名。1985年新设80cc车型，为18岁以下运动员参加，他今年恰好符合条件。外界舆论认为他能够拿冠军。对运动员本身也是极好的夺标机会。呼声与愿望都是要夺冠军。教练员了解到运动员无论在言行、训练中都有强烈的夺冠表现；兴奋性高但情绪急躁，说明他在心理上有了负担。为减轻其自我心理负担和外界舆论对他的压力，在赛前（两周之前）的一段较长时间内从不谈比赛拿冠军的事，以减轻他的心理负担，训练时也从不拿冠军刺激他，更不直接下达拿冠军的任务，只希望全力以赴训练，鼓励取得好成绩。冠军与最好成绩完全是同义语，但是冠军这个词，刺激性强，对于一位训练时间短，心理素质还不高、情绪还不稳定，很缺乏比赛经验的年轻运动员来说，"冠军、冠军"之声不绝于耳是没有好处的。它只能加重心理负荷，导致兴奋过度。在赛前，教练员的一切工作又围绕着夺取最好成绩去做，它能缓和情绪，降低"热度"，这一方法对戴文利是适合的。这种不直接言明任务，实质是明白任务，既不降低奋斗目标，也不减轻比赛任务，而是"减了压"，实践证明是有益的。

二、确立良好的比赛动机

摩托车运动是勇敢者的竞技，初学者往往被它威武的仪表和潇洒的气质所吸引，完全为了兴趣和爱好而参加训练。不可否认这种动机可能成为动力，但是为使运动员创造出优异成绩，仅有个人动机是不够的，这是因为，它不能持久。一遇波折就会在困难面前退缩，在艰巨任务面前动摇，往往因为意志薄弱，个人患得患失而告失败。因此，教练员要善于把青少年运动员从个人兴趣爱好逐渐引导到为集体争光、为祖国争荣誉的社会动机上来。

戴文利在一次训练中因车辆出现故障而摔跤，造成胸骨骨折而住院，休息一个月。由于骨折，使他的情绪受到影响，一度意志消沉，对能否参加今年比赛表示怀疑，对参加比赛取得良好成绩信息不足。上车训练后顾虑多。他毕竟是个年轻选手，有时又求胜心切，见车就想超越，只能跑胜，不能跑败，常出现危险动作。这种矛盾现象反映他情绪的波动和心理上的不稳定。针对这一情况，教练员以北京摩托车队队史来教育、启发运动员，明确提出，自1978年恢复建队，从1979年第一次参加全国比赛开始到1983年全国比赛为止，北京队除失掉1块个人金牌外，其余10块个人金牌全部拿到。但是到1984年因各种原因，一块金牌未得。这是为什么呢？是因为舆论反映大，队内压力大，队员士气低落，训练情绪振奋不起来。今年新增设青少年参加的80cc比赛，如取得好成绩，为北京争光，必将激励人心，同时说明北京队后继有人，对队伍是个很大鼓舞！也就是我们从加强集体主义观念出发，强化社会动机及时进行教育（我们感到对刚进队的青少年运动员，由树立集体主义入手，随运动成绩不断提高，思想日趋成熟，再逐渐转向为国争光更为现实有效），在青少年运动员中引起强烈反响。由此产生的集体主义荣誉感和责任感所带来的动力和动力的稳定性，大大高于个人动机的名利心。

三、树立必胜的信心

戴文利入队后只参加过一次比赛，难免对今年的比赛产生疑虑，担心发挥不出水平，这并不奇怪。比赛经验少，心中无底，其中也有心理压力。1984年第一次参加比赛纯属锻炼，心理上毫无压力，得了第11名。今年有可能争取冠军，这第11名与第1名之间所带来的心理影响与心理压力在训练中表现出来：跑出好成绩感到信心十足；跑不出立即怀疑能否赛好（不能做清醒、具体分析），这种忽高忽低的情绪与估计就无法产生必胜的信心。解决的方法是：除帮助运动员具体、深入地分析各自实力外，更主要的是在赛前的1～2周训练中采取假想对手在比赛中可能出现的情况的训练。换句话讲，设想比赛中可能出现的各种主要情况，在赛前训练中进行模拟、演习。感受比赛情景、体尝心理状态，以达到稳定情绪，树立必胜信心的目的。具体的做法是：

（一）发车练习

越野赛的发车至关重要，抢发车在前，领先跑，视线好，可选择自己认为的最佳路线通过，还能按照个人的技术特点无阻拦地尽情发挥。因此，发车在前，可为比赛取得胜利创造有利条件。

比赛的前几天大会组织了集体发车练习。这种练习的全部过程（用发车栏杆出示30秒准备，10秒预备示意牌和近30辆车集体发车），极接近比赛发车规则和情景。这对运动员来说，是个难得的模拟训练。在此之前的自由练习中，发现戴文利发车技术存在问题较多，诸如，由于油离配合不好，上体后倾大，视线近等，造成起前轮，发车出发慢、起前跑的问题，时而还导致不能直线行驶，直接影响比赛成绩。因此，运动员往往因抢发不到前面位置，而引起心情紧张，对比赛取胜丧失信心。为解决这一问题，抓紧仅有的几次集体发车练习机会，采用默念的自我暗示训练方法——把发车的一连串动作中自己认为最重要的动作，用最简练的几个字归结起来，在发车的瞬间进行自我暗示，以通过内部语言对自己的心理施加影响，来解除紧张的心情，集中注意力、稳定情绪并坚定完成动作的信心。此方法收到一定效果，能基本做到直线出发，并抢发在前几名之内。但由于赛前正式练习机会少，发车动作的连贯性仍未彻底解决。抢发动作较慢，不能保证发在第一。为坚定运动员信心，又做了以下工作：我们把赛前搜集到的最新材料交给运动员，分析讲清，虽然发车不在第一，但是只要赛时能发出去，在前几名之内，根据自己实力，在终赛前能超越到第一位。同时为了保证发车在前几名之内，我采取了不让戴文利第一个挑选道次的方法，他把最佳发车位置让给后面队员（对手），自己选择最外侧的边远道次。其用意是：躲避强手（他们发车快，避免给自己产生压力）。更重要的是如发车慢了外侧无车，不会被快者"关门"挤到后面。另外，回旋余地大。在发车到达一个上坡障碍时如仍在后面，可以较自由地变线行驶，躲过第一障碍处车多拥挤、混乱的场面（以免卷入其中，不仅更慢，甚至会被挤倒）。利用自己弧度转弯快的技术优势较快地冲到第二障碍点，抢在前几位。为验证其可靠性，在练习中多次选择了这个位置，都获得了成功。这样，既消除了运动员对发车的顾虑与担心，又使运动员满怀信心地投入比赛了。在比赛中，果然出现发车偏后，但通过第一障碍后变线超越不少车，通过第二障碍后已变成第五位，跑了几圈后变成了第一位。

（二）运用谋略

　　一场比赛的胜负，取决于身体、技术和战术等多方面因素。其中心理战术是不可忽视的重要方面。在这次赛前，运用了一些谋略。

　　真假难辨。赛前每个教练不放过记录，检测自己队员和对手全程跑的时间，从中摸底，为制订正确的比赛方案提供最重要的数据材料。在赛前的最后几次练习，亮不亮自己队员的实力，怕不怕被人摸底？我们的意见是一定要亮。如果运动员只知对手情况，不知道自己的成绩与实力，他就会心中无数，情绪不稳，很难制订出可靠的作战方案，但问题在于怎样亮底。我们是这样做的：通过跑全程速度或者只跑几圈速度中，以快与慢结合的方法，使对手虚实难辨和迷惑对方，例如，我们摸到赛前单圈最快成绩是戴文利，但兄弟队并没有掌握这个成绩，增强了队员的自信心。

　　一位运动员单纯的速度快并不能全面反映实力水平。在跑的过程中，处理复杂情况的能力，如跟超车、领先跑等战术也非常重要。它反映出能力差别、战术水平，另外还有不可忽视的心理战术因素。我们经常看到，有些运动员在前后有车，自己领先跑时失误摔跤，或前车遇较自己水平差的运动员，屡屡超不过去，而失误。这些现象不是战术与技能问题，而是心理因素所致。

　　为使比赛不出现"不打自败"的情况，就需要在赛前，尤其是要在模拟比赛的练习中，进行专门的跟车、领先跑的训练，来提高运动员心理战术水平。

　　如跟车时，首先看自己能否在全程中跟上前车，能跟得上，说明已具备速度实力。如超车能力不高，则需要利用心理战术采用这样的方法：紧跟不放（实际未必过得去），来搅乱前车手的心理，使对手因紧张、慌乱，技术动作失常而导致失误。这样，我们可利用对手的自我失败，达到超越目的。实践证明，这种做法的成功率较高，特别是对年轻、比赛经验少的运动员尤其有效。

在领先跑的训练中，首先看自己能否甩掉后车，尤其在发车后的头几圈内高度兴奋，以最高的速度行驶，能抛开后车10米远，就应该稳定自己的情绪，从心理上就应该占有优势：跟不上我，既使跟上，还有超车能力问题，从而增强信心，不再畏惧对手了。当后车能跟上自己时，说明与对手实力相当，此时主要采用消耗对方精力，保持自己情绪稳定，同时通过自我暗示给自己以鼓舞和信心的战术心理法。跟车时必须随前车的变化而变化，不能发挥自己的技术优势，而且要时刻警惕前车动向，谨防冲撞，因此对运动员的精力消耗是非常大的。只要自己较长时间保持领先做到泰然自若，不慌乱，长时间下去，就扰乱了后车的情绪，使其丧失信心。为使自己领先跑不失误，运动员在车上可以默念诸如"我状态真好""我一定胜利"等，或者默念通过障碍的动作要领，把注意力全部集中在技术动作的施展上，这对稳定自己的情绪是极为重要的。

经过这种赛前训练，戴文利心理素质有了很大提高，自信心增强，在全国比赛中，拼抢凶猛，争夺激烈，取得了比预计更好的成绩，并获得了80cc全国冠军。

心理训练对我们来说还算新课题，缺乏系统性，但是只要加强训练，就愈发会显示出它的威力和重要性！

（此文发表于《北京体育学院报》1988年第2期）

附1 两轮摩托车场地越野运动项目特征及其相应的训练特点

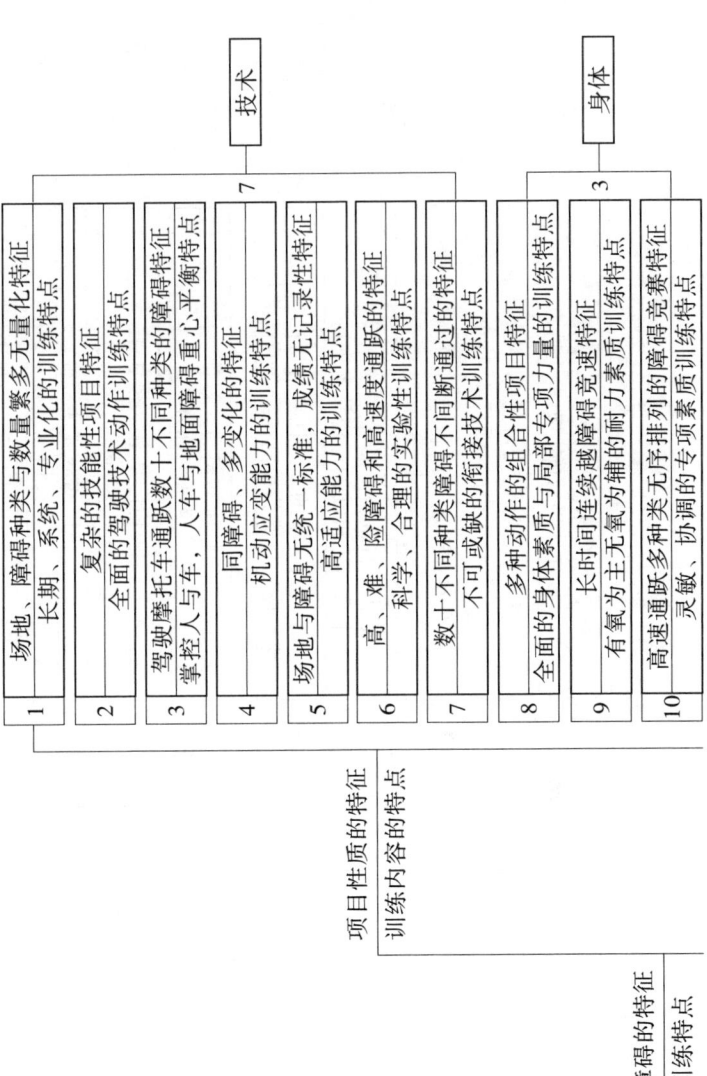

- 驾驶赛车通跃障碍的特征 / 操纵技能的训练特点
  - 11 数十辆同场不分赛道齐发车的竞赛特征 / 勇敢、机智的心理素质特点
  - 12 不断变化的领跑、跟跑、超车竞速特征 / 沉稳、果敢的心理素质特点
  - 13 竞赛中难以避免的失误、摔跤特征 / 坚强无畏的心理素质特点
    - 3 心理（11、12、13）
  - 14 众多赛车在同场同跑道封闭圈的竞赛特征 / 灵活的战术训练特点
  - 15 数十个障碍分布数公里的项目特征 / 个人自主机动的运用战术训练特点
    - 2 战术（14、15）
  - 16 人与车的二元性项目特征 / 驾驶技术与保养车辆相结合的训练特点
    - 1 车辆（16）
  - 项目性质的特征 / 训练内容的特点
    - 1 障碍的差别性特征 / 单项训练方法 —— 分解训练
    - 2 障碍的连续性特征 / 衔接训练方法 —— 连接训练
    - 3 障碍的众多性特征 / 分段训练方法 —— 组合训练
    - 4 封闭的赛道数十圈不间断通越障碍的特征 / 全程训练方法 —— 全套训练

附2　两轮摩托车场地越野运动的基本障碍种类

基本障碍（两类7种）

- **路面质障类**
  - 路面质地 ——< 土质与沙质适当比例的混合路面
  - —————— 泥泞与浅水塘或其混合路面
  - 障碍类
  - 车辙沟：有直与弯之分，深与浅之别

- **地形障碍类**
  - 起伏路
    - 自然形成：无规律的形状、同距，凸凹（包与坑）高低等地形 ——< 半蹲姿通过 ／ 蹲站姿跳跃通过
    - 人工堆建 ——< 无规律的形状，同距，凸凹（包与坑）高低等地形 ——＞ 蹲站姿跳跃通过
    - ————————— 有规律的形状，同距，高低等相似的"搓板路" 土坎 ——＞ 蹲站姿跳跃通过
  - 上下坡：坡度不同，远长于土坎的坡面，可坐姿或跳跃通过
  - 弯道
    - 同一种类弯道 ——< 不同方向的左右弯 ／ 不等半径的弧度弯 ／ 长短不一的弧线弯
    - 不同种类弯道 ——< 外超高弯 ／ 起伏路弯 ／ 车辙沟弯 ／ 上下坡弯
  - 跳坎
    - 不同种类障碍的跳跃 ——< 土坎 ／ 梯形平台 ／ 起伏路 ／ 上下坡 ｝跳跃的主要类别
    - 不同方式的跳跃 ——< 单坎（平台）跳 ／ 连跳 ／ 组合跳
      - 连跳：一次起跳飞跃两坎以上而落地，有二坎连跳、三坎连跳等
      - 组合跳：连续不断，多次起跳，飞跃成串的单坎、平台、连跳等混搭的组合

附3 两轮摩托车场地越野运动的基本技术种类

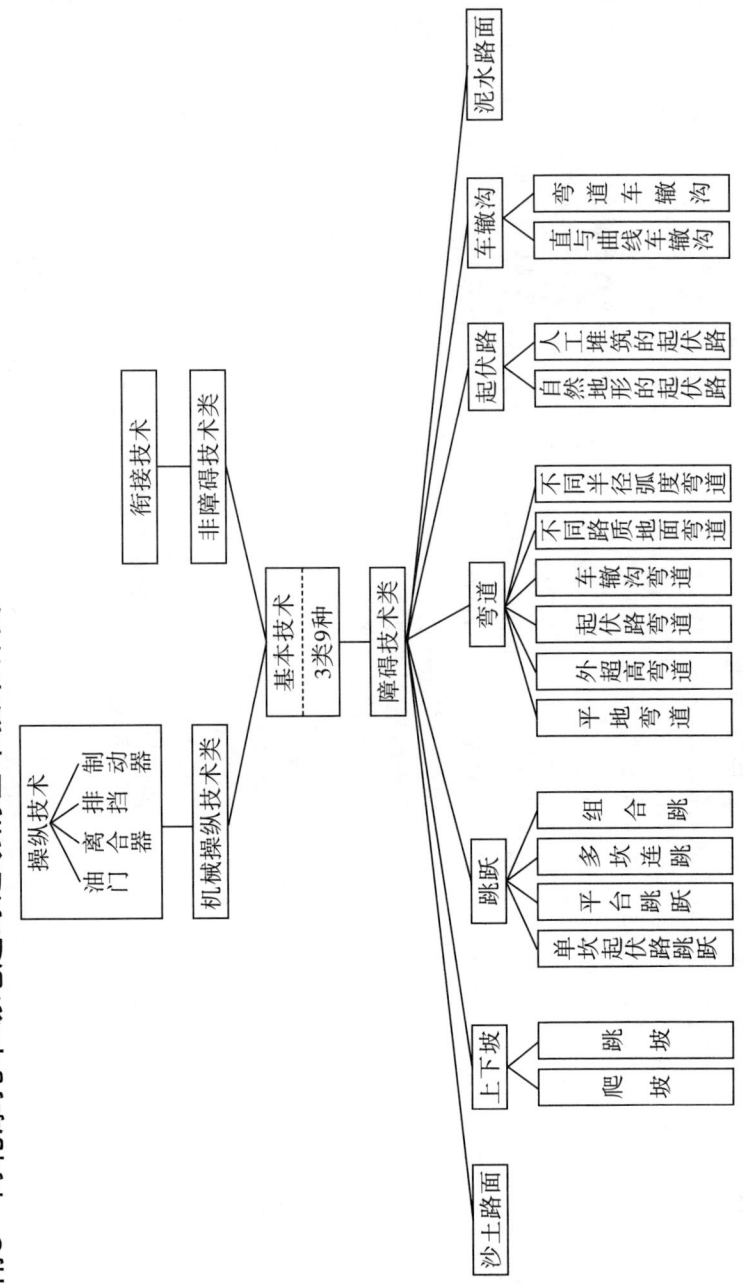

附4 两轮摩托车场地越野运动驾驶姿势的意义

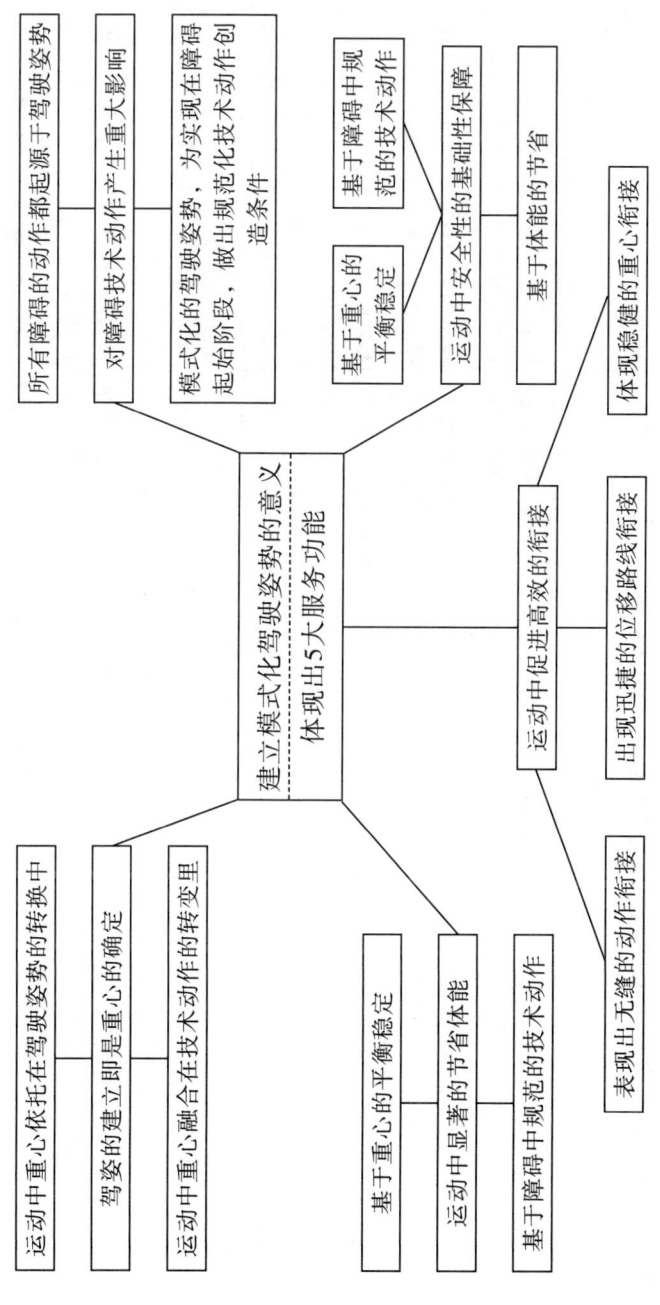

建立模式化驾驶姿势的意义

- 所有障碍的动作都起源于驾驶姿势
- 对障碍技术动作产生重大影响
- 模式化的驾驶姿势，为实现在障碍起始阶段，做出规范化技术动作创造条件

体现出5大服务功能

- 运动中重心依托在驾驶姿势的转换中
  - 基于重心的平衡稳定
- 驾姿的建立即是重心的确定
  - 运动中安全性的基础性保障
    - 基于障碍中规范的技术动作
- 运动中重心融合在技术动作的转变里
  - 基于体能的节省

- 体现稳健的重心衔接
- 运动中促进高效的衔接
  - 基于重心的平衡稳定
- 出现迅捷的位移路线衔接
  - 运动中显著的省体能
- 表现出无缝的动作衔接
  - 基于障碍中规范的技术动作

附5 静态下建立两轮摩托车场地越野运动的驾驶姿势（一）

一、驾姿的建立

人与车接触的支撑点（驾姿结构的支撑点，力的主要支撑点）

固定的支撑点

- 坐姿（5个支撑点）
  - 臀部坐在坐垫上的接触点——力的主要支撑点
  - 双手握车把上的接触点——助力的支撑点
  - 双脚赛靴踏在脚蹬上的接触点——辅力的支撑点

- 蹲站姿（4个支撑点）
  - 双脚赛靴踩踏脚蹬的接触点——力的主要支撑点
  - 双手握车把的接触点——助力的支撑点

非固定的支撑点：双腿贴靠油箱的滑动点——紧急情况下，辅助的力接触点

人与车接触的支撑点位置（助形成模式化的驾姿部位，力的辅助支撑位）

- 坐姿
  - 先定双手握车把位：双手臂自然适度外展后，握车把位通常高于车把两端的水平线，是助力重心的位置
  - 再定臀坐位：依身高、坐高高，坐高的不同选在坐车座上的适合位置，是确定重心的主要位置
  - 后定双脚位：双脚赛靴后跟前沿挂钩挂在脚蹬的位置，是辅力重心的位置，运动中正常情况下无需用力

- 蹲站姿
  - 先定双脚位：双脚赛靴中心部位踩踏在脚蹬上，是确定重心的主要位置
  - 再定双手握车把位：双手臂外展自然下垂后，双手握车把位置，是助力重心的位置远高于坐姿双手握车把位置

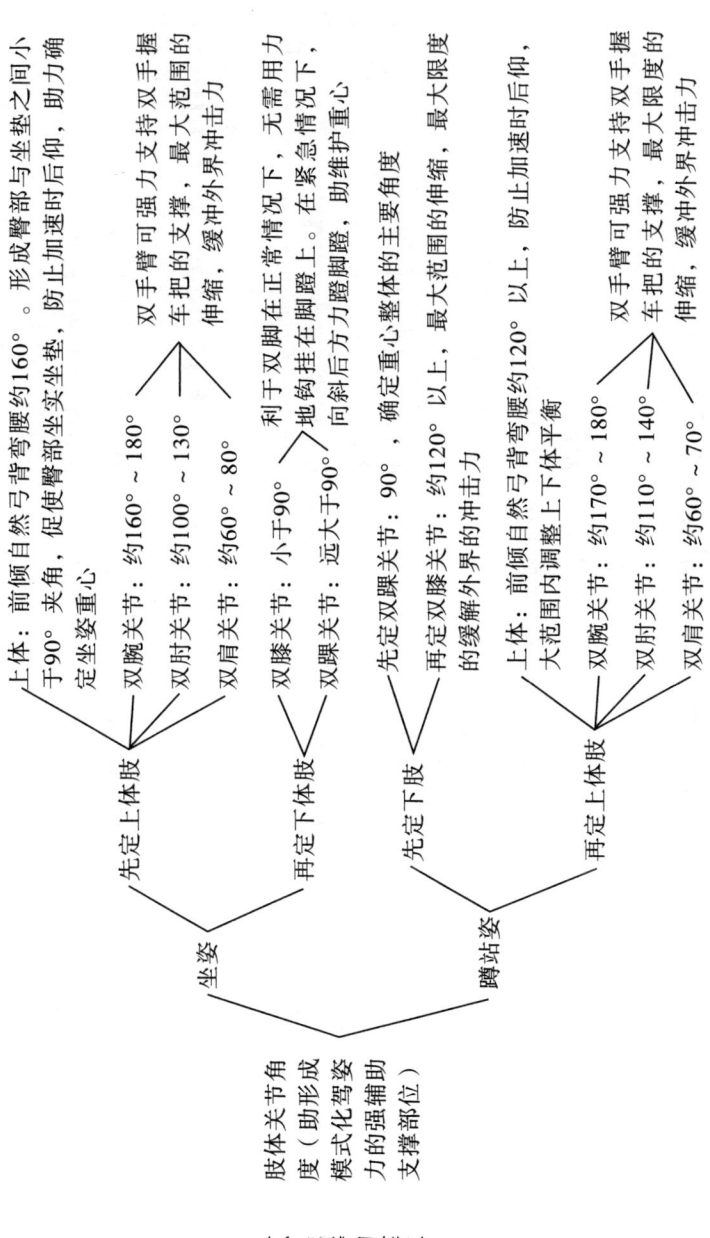

附5　静态下建立两轮摩托车场地越野运动的驾驶姿势（二）

一、驾姿的建立

肢体关节角度（助形成模式化驾姿助力的强辅助支撑部位）

坐姿
- 先定上体肢
  - 上体：前倾自然弓背弯腰约160°。形成臀部与坐垫之间小于90°夹角，促使臀部坐实坐垫，防止加速时后仰，助力确定坐姿重心
  - 双腕关节：约160°~180°
  - 双肘关节：约100°~130°
  - 双肩关节：约60°~80°
  - → 双手臂可强力支持双手握车把的支撑，最大范围的伸缩，缓冲外界冲击力
- 再定下体肢
  - 双膝关节：小于90°
  - 双踝关节：远大于90°
  - → 利于双脚在正常情况下，无需用力地钩挂在脚蹬上。在紧急情况下，向斜后方力跟脚蹬，助维护重心

蹲站姿
- 先定下肢
  - 先定双踝关节：90°，确定整体重心主要角度
  - 再定双膝关节：约120°以上，最大范围的伸缩，防止加速时后仰的缓解外界的冲击力
- 再定上体肢
  - 上体：前倾自然弓背弯腰约120°以上，最大范围内调整上下体平衡
  - 双腕关节：约170°~180°
  - 双肘关节：约110°~140°
  - 双肩关节：约60°~70°
  - → 双手臂可强力支持双手握车把的支撑，最大限度的伸缩，缓冲外界冲击力

附5 静态下建立两轮摩托车场地越野运动的驾驶姿势（三）

二、运动中驾姿的维护与调整

- 驾驶形态
  - 不转换驾驶姿势时：基本保持各自原形态
  - 转换驾驶姿势时：基本保持上体肢原形态

- 驾姿中的体肢
  - 上体：不同姿势通过不同种类的障碍，前倾压有上下适度的调整
    - 不转换驾驶姿势时：双手握车把，双胸在脚蹬上的位置等，只是延续性的小幅变化
    - 转换驾驶姿势时：双手握车把位有大幅度的上下移位，但坐姿时需高于握把两端的水平线
  - 人与车接触点位置
    - 不转换驾驶姿势时：腾站姿时的双脚赛靴中心位置踩踏脚蹬，与坐姿时的双脚钩挂在踏脚蹬上相互转换
    - 转换驾驶姿势时：双脚在脚蹬踩踏脚蹬
  - 上下肢关节角度
    - 上肢关节角度：各关节角度只是小幅度的自然延伸与收缩
      - 不转换驾驶姿势时：各关节角度只是小幅度的自然延伸与收缩
      - 转换驾驶姿势时：只是小幅度有限度的伸缩调整
    - 下肢关节角度：膝踝关节角度大幅度的改变
      - 不转换驾驶姿势时：收缩
      - 转换驾驶姿势时：膝踝关节角度大幅度的改变

变与不变，既是完成通过障碍的必要，又是维护或保持基本驾姿、促进通过障碍时技术动作的规范化

注：
1. 车手身高范围在1.65~1.78米。
2. 必要时调整车把和油门转把定位，配合驾姿的建立。
3. 因车身身高、坐高的差异，接触点位置与关节角度难以准确地定量，只能定性。

附6　在静态下对两轮摩托车场地越野运动驾驶姿势的检验（一）

一、检验目的
- 通过检验，当即修正驾驶姿势，经调整后，达到确立正确的驾姿
- 当确立了驾姿，即确定了人与车接触点的位置，相关的关节角度，驾姿的重心

二、检验方式
- 蹲站在平地上
- 双腿脚跨骑车，蹲站或站立在平地上，双手握车把
- 坐或蹲站在静态下的车上

三、检验项目
- 坐姿：车手骑坐在立放稳定的支架上的车坐垫
- 蹲站姿：车手蹲站在平地上；双腿跨骑车但站立在地面上；蹲站在支架上车的脚蹬上

四、检验手段
- 眼：用睛睛观察头部，坐姿时臀部与坐垫上的夹角，上体的前倾弓背弯腰等
- 手：教练适当用力，手推车手上体正面或背面，整体或上体是否向后向前晃动或向前晃动或移位
- 脚：教练适当用力，脚蹬踹车的前轮左右侧，看车轮是否向右或向右或向左摆动

五、检验内容
- 观察整体外观是否自然舒展
- 驾驶姿势的外在形态：通过修正，调整后的位置，关节角度，确立了驾驶形态后无需再检验
- 人与车接触点位支撑点的位置：包括双手握车把，臀部坐在车坐垫上，双脚蹬在脚蹬上等位置
- 相关部位的关节角度：包括上体弯曲度，腕、肘、肩、膝、踝等关节角度，臀与坐垫的夹角等

附6 在静态下对两轮摩托车场地越野运动驾驶姿势的检验（二）

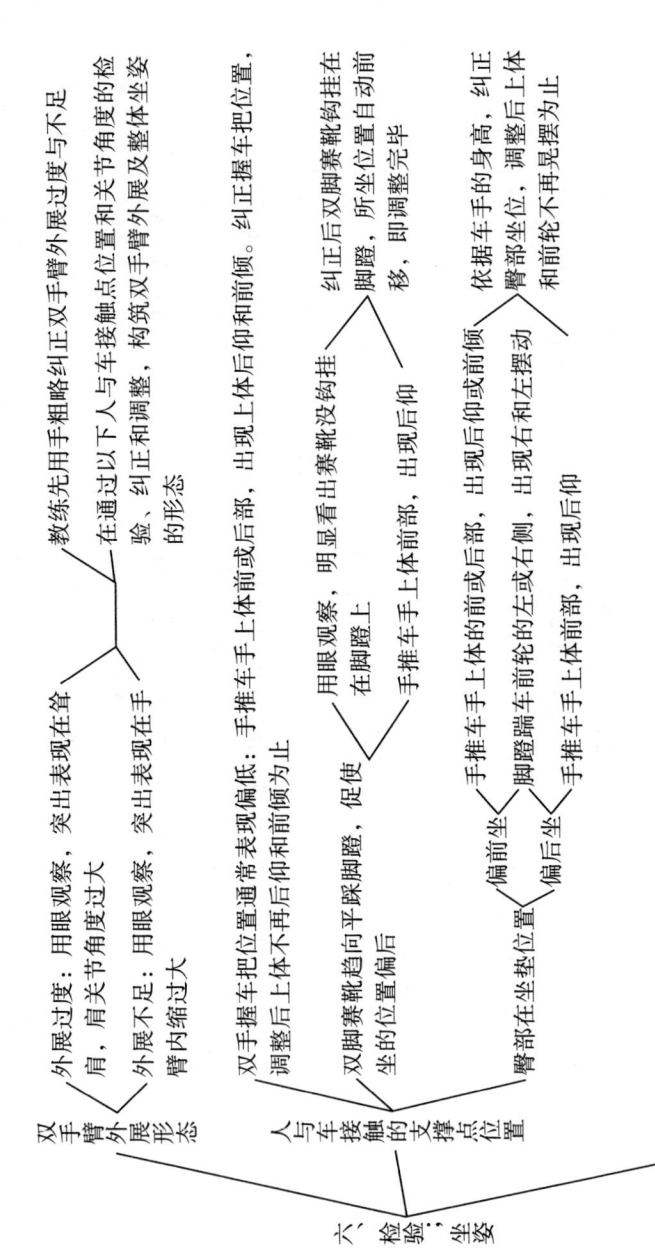

附6　在静态下对两轮摩托车场地越野运动驾驶姿势的检验（三）

六、检验；坐姿

相关部位的关节角度

上体肢

上体
- 前倾屈压过大：手推车手上体后部，出现前倾
- 前倾屈压不足：手推车手上体前或后部，出现后仰或前仰

→ 在确定双手握车把的位置，自然弓背弯腰状态后，纠正为前倾压角度约160°，调整到上体不再前后晃动为止

腕部：通常表现关节角度偏小，与双手握车把把位置低或上体前倾过大相关
- 手推车手上体，出现后仰或前倾

→ 纠正后腕关节趋向180°，调整到上体和车前轮不再晃摆为止

肘部：关节角度偏大，与车手上体后仰或所坐坐置偏后相关。手推车手上体前仰
- 胸蹬端车前轮左或右侧，出现右或左侧摆动

→ 在确定上体前倾和腕关节角度后，纠正为肘关节约在100°~130°，调整到上体和前轮不再晃摆为止

肩部：通常表现关节角度小，与双手臂外展不够有关。手推车手上体前或后倾，出现后仰或前倾。在确定车手上体前部或后部，调整到上体不再前后晃动为止

下体肢

臀部与坐垫的夹角：常见趋向直角。用眼观察检验，腰背挺直。调整成自然腰背弯曲状态，纠正后约在60°~80°
- 踝关节角度：过小，接近平行踩踏脚蹬脚底部
- 膝关节角度：过大，与双脚踏脚底部平行踩踏脚蹬或臀所坐置偏后有关

→ 纠正后踝关节远大于90°，膝关节远小于90°即可

膝踝关节角度夹角小于90°即可

229

附6 在静态下对两轮摩托车场地越野运动驾驶姿势的检验（四）

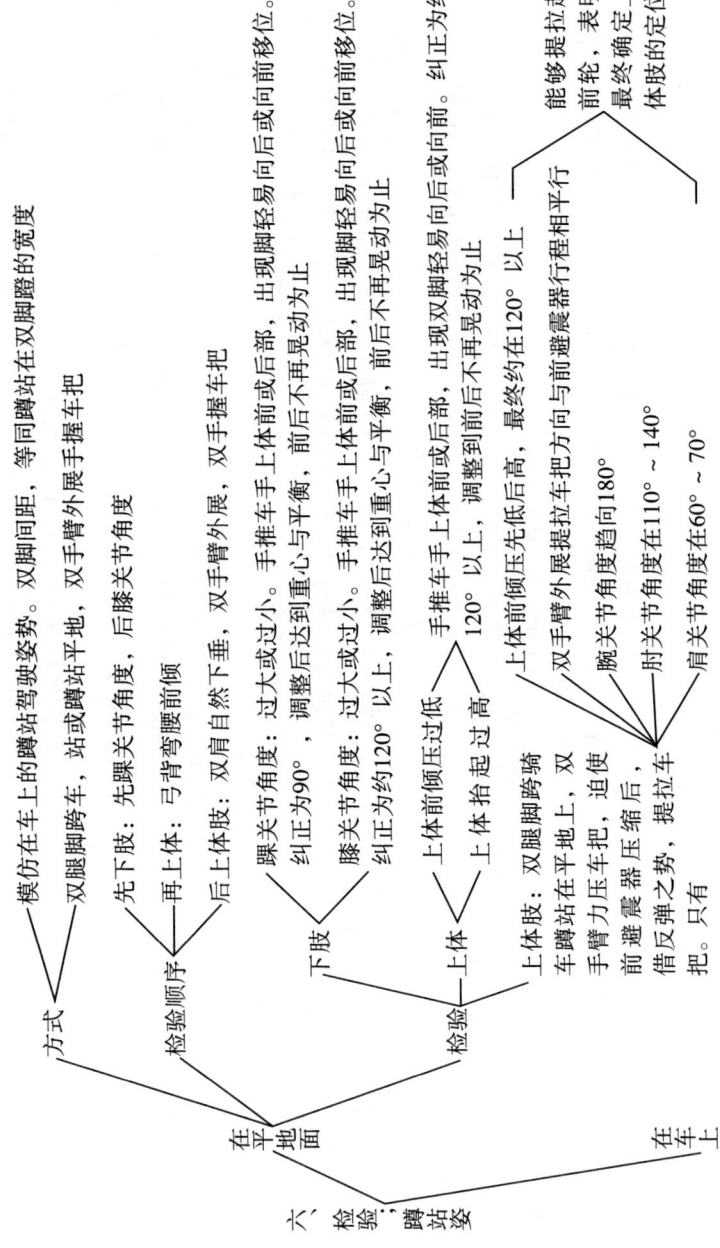

六、检验蹲站姿势

附6 在静态下对两轮摩托车场地越野运动驾驶姿势的检验（五）

六、检验；骑跨姿

在平地面： 平地上已检验、纠正、调整后的骑跨姿势移植到车上。双手握车把后，可能需要略调整双手臂的关节角度，或把车把的前后定位

在车上： 需要在车上重新检验骑跨姿（不扶车把或轻握车把）

- 因车手身高差异大影响
  - 上体前倾压
  - 双手握车把位置
  - 双手臂各关节角度

检验顺序：

先下肢：
- 等踝关节角度：过大或过小。手推车手上体前或后部，出现平地面向后仰或前倾，纠正为90°，调整后不再向前后晃动为止
- 后膝关节角度：过大或过小。手推车手上体前或后部，出现平地面向后仰或前倾，纠正为约120°以上，调整后晃动为止

再上体：
- 前倾过低：手推车手上体后部，出现前移。纠正为约120°以上，再前后晃动为止
- 前倾过高：手推车手上体前部，出现后移和前移

后上体：
- 双手握车把位置：通常过低，出现后仰前倾，纠正后趋向180°，并近高于车把两端水平线，能做出融合提与拉车把的动作技术位置
- 腕关节角度：通常过小。手推车手上体前或后部出现前倾，纠正为约170°～180°
- 肘关节角度：过大或过小。手推车手上体前或后部，出现后倾和前倾，肘关节角度纠正110°～140°
- 肩关节角度：通常过小。手推车手上体前或后部，出现后倾或前倾，纠正为60°～70°

调整后，双手臂提拉车把方向能平行于前避震器行程，能做拉车把出提为止

注：1. 车手身高范围适用在1.65~1.78米。
2. 检验需兼顾驾驶姿全部位。
3. 肢体关节角度只能定性定量，难以精确定量。

附7 两轮摩托车场地越野运动驾驶姿势与基本技术的关联（一）

一、驾驶技术

　机械的操纵动作（油门、离合器、挡排、制动器）
　障碍的通过动作　　　　　　　　　　　　　　　都从驾驶姿势引发而出
　障碍的衔接动作

二、障碍的起始通过动作

　沙土障碍的技术
　泥水障碍的技术
　弯道障碍的技术
　车辙沟障碍的技术　　　　都源自驾驶姿势中相关部位的位
　起伏路障碍的技术　　　　置和关节角度
　上下坡障碍的技术
　土坎及平台跳跃障碍的技术

附7 两轮摩托车场地越野运动驾驶姿势与基本技术的关联（二）

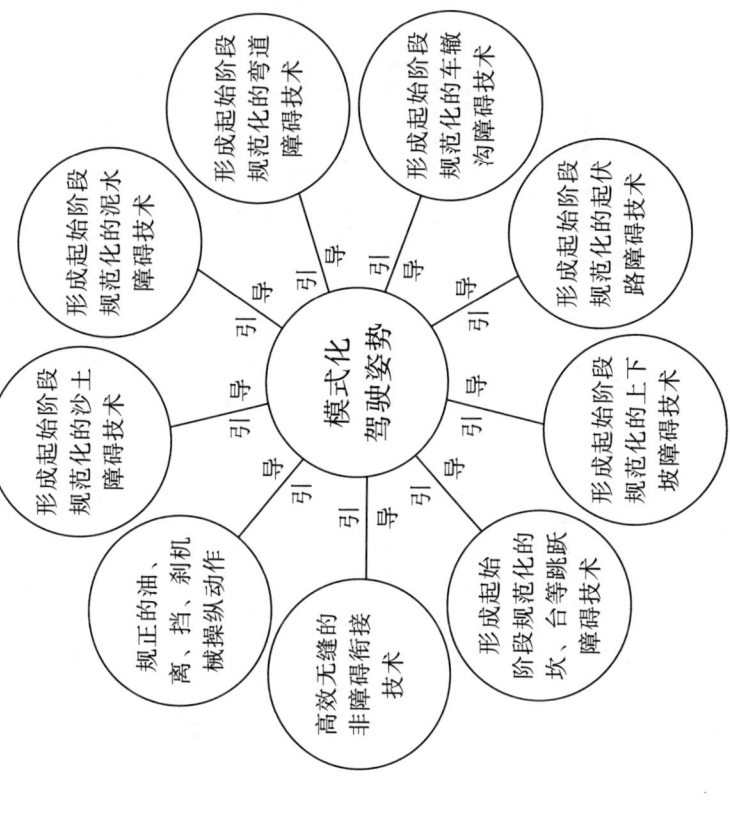

形成起始阶段规范化的弯道障碍技术

形成起始阶段规范化的车辙沟障碍技术

形成起始阶段规范化的起伏路障碍技术

形成起始阶段规范化的上下坡障碍技术

形成起始阶段规范化的坎、台等跳跃障碍技术

高效无缝的非障碍衔接技术

规正的油、离、挡、刹机械操纵动作

形成起始阶段规范化的沙土障碍技术

形成起始阶段规范化的泥水障碍技术

模式化驾驶姿势

引导 引导 引导 引导 引导 引导 引导 引导 引导

附8　两轮摩托车场地越野运动弯道技术动作要领（一）

一、弯道障碍的特性

最普遍的障碍：两轮摩托车场地越野运动必不可缺的障碍

数量最多的障碍：除超级障碍地外，它无处不在，无时不有，通常是所有种类障碍中数量最多的一类障碍

基础性的障碍：因普遍性、数量又多，无论技术水平高低，皆可通过的障碍

相对安全的障碍：相比较起伏路的高速度；上下坡的高低差；跳跃的飞跃距离，腾空高度等障碍难度，弯道障碍的危险度低

通过中状况最复杂的障碍：
- 比赛时数十辆赛车齐发，通过一段高速直线后的第一个障碍通常为弯道。在弯道中可能出现前后左右紧密的无序拥堵，混乱的现象
- 只有在弯道障碍，在众多障碍中，可进行随意横向穿插，里外大幅变线

种类最多的障碍：
- 平整路面弯道：新推平的路面；在训练或比赛开始阶段的路面；硬质地路面（国内）
- 外超高弯道：松软的路面，在高速转弯倾斜的动力后轮，向外自然铲出；带有弧度、高低不等，如"墙"一般隆起的外超高弯道
- 起伏弯道：数十辆大功率赛车，带有高凸起块状的前后轮胎，数十上百次的通过质地硬质路面，刨出凸凹不平的起伏地形障碍
- 松软的弯道路面：现代普遍地的，适当比例的土与沙混合质地路面；雨后自然形成或人工制造的泥泞路面障碍
- 车辙弯道：数十辆大功率赛车，带有高凸起的块状前后轮胎，数十上百次的通过，必然出现深浅不同的车辙沟
- 地松软的潮湿泥水的弯道路面：为所有场地的所具有
- 半径不等、弧度不同，弧线长短不一一的的弯道，质

附8　两轮摩托车场地越野运动弯道技术动作要领（二）

二、弯道驾驶姿势：除起伏大且多的弯道可选择蹲站姿转弯外，其他通常采用坐姿转弯

三、运动转弯的技术特点：采用侧弯转弯技术。车倾斜加速后，后轮向外侧幅度均匀的滑动，或伴有前轮随之反向的打把，实现连续侧滑调向的转弯。在转弯中适时的向前斜方，伸展出高低、里外、力度不同的内侧腿脚，辅助人车倾斜中的左右平衡

四、转弯的技术动作要领——倾斜放车

- 人与车在上下同一水平线，同侧，同时，利用人体自身重力，带动车倾斜放车，是正倾斜，也可称"正压车"，是转弯的规范性技术
- 使用外侧腿力压油箱，形成车向内侧，人向外侧的倾斜称"反压车"。反压车通常在转弯中作为调整使用，应少用有局限性的反压车方式
- 尽量要为延迟坐下转弯，延长车倾斜中的降速，换取缩短转弯的行程，可争取在弯前获得更高速度。
- 在转弯的初始阶段，倾斜中应基本保持上体弯身姿态。随前弯、中弯、后弯进程的变化，上体略有调整
- 在转弯中须伸展内侧腿，配合倾斜及加速时的左右平衡，在初期练习转弯，后弯倾斜尤其必要
- 转弯后期尽早加快地结束倾斜转弯，有利于加快结束转弯，高速度的出弯

附8 两轮摩托车场地越野运动弯道技术动作要领（三）

四、转弯的技术动作要领

上体肢

头部： 正直或略低头，眼睛远视，避免人盯离前轮不远的地面，防止进入下一障碍时前来不及做准备动作。

上体： 转弯全过程保持前倾弓背弯腰状态，速度提升，上体需加大前倾压防止上后仰，但仍需保持驾驶姿态，随能促成上体带动上体后移，并防止加速时臀部坐实坐垫，出弯后便能很快恢复原驾姿

双手臂

前弯

倾斜车，伸展内侧腿，加速同时出现，前弯油门的加速要平缓，方可形成均匀，规律的侧滑动作

双手握车把位置：高于车把两端的水平线，以利于做出全加速动作，并且能促使驾驶形态不变形

关节角度：腕关节趋向180°，肘关节大于90°，肩关节小于90°，双手臂对车把能出现强有力的支撑和保持外展形态

双手臂动作：手加油门略带动前臂，尽可能地少牵动上臂和肩部，腕关节虽有小幅屈缩，但仍能保持基本姿态不变形

中弯

油门加速：持续不间断的加速，以利于保持后轮持续的匀速，平稳的转弯调向

双手臂动作：握车把位置随加速自然下移，各关节角度自然缩减，但仍要基本保持驾驶形态。与此同时双手臂做出向前胸以略为主，提为辅的提拉把动作技术，浮起前轮，躲避撞击有凸起的地面；防止上体后仰或臀座位后移，保持上体重心

后弯

油门加速：深加速或全加速，同时逐渐加大上体前倾，抬高外侧手臂的与内侧手臂，推把的提拉车把，仍保持保持上体驾驶形态，双手臂

收尾动作：深加速或全加速时，出现剧烈的侧滑，但因保持了上体的驾驶姿态，双手臂的提拉车把动作技术，同时加强并调整了下体肢的相关动作，所以能平稳的持续侧滑调向完成转弯

下体肢

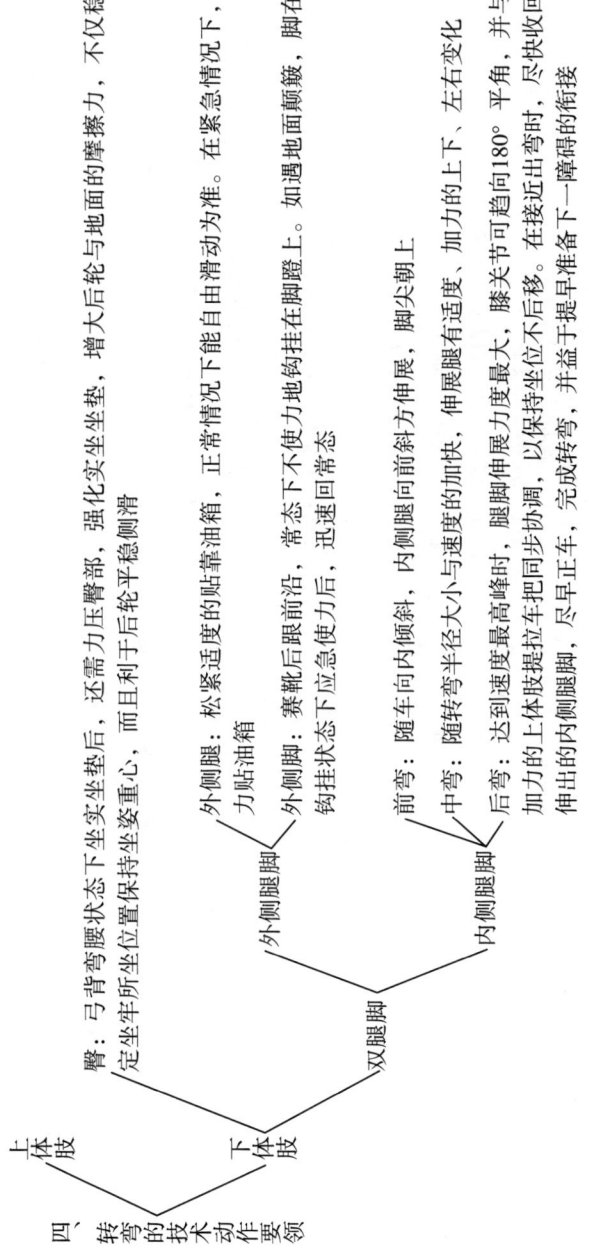

附8 两轮摩托车场地越野运动弯道技术动作要领（四）

四、转弯的技术动作要领

上体肢

臀：弓背弯腰状态下坐实坐垫后，还需力压臀部，强化实坐坐垫，增大后轮与地面的摩擦力，不仅稳定坐车所坐位置保持坐姿重心，而且利于后轮平稳侧滑

下体肢——双腿脚

外侧腿脚

外侧腿：松紧适度的贴靠油箱，正常情况下能自由滑动为准。在紧急情况下，力贴油箱

外侧脚：赛靴后跟前沿，常态下不使力地钩挂在胸蹬上。如遇地面颠簸，脚在钩挂状态下应急使力后，迅速回常态

内侧腿脚

前弯：随车向内倾斜，内侧腿向前斜方伸展，脚头朝上

中弯：随转弯半径大小与速度的加快，伸展腿有适度，加力的上下，左右变化

后弯：达到速度最高峰时，腿脚伸展力度最大，膝关节可趋向180°平角，并与加力的上体肢提拉车把同步协调，以保持坐位不后移。在接近出弯时，尽快收回伸出的内侧腿脚，并益于提早准备下一障碍的衔接

注：1. 以上是简化的规范化技术动作要领。
2. 了解更多的内容，可参考《两轮摩托车场地越野运动的转弯技术》一文。

附9 两轮摩托车场地越野运动跳跃技术动作要领（一）

一、跳跃的障碍

- 土坎：自然形成，人工修整，多数为人工机械堆建的成型土堆，起跳面平整
  - 斜面坡度：通常约35°以下
  - 斜面长度：有通常大于车前后轴距的长坎，少有小于车前后轴距的短坎
  - 高度：长坎通常约高于2米，短坎约低于1米
- 起跳上斜面
  - 坡度：通常45°以下
  - 长度：远长于土坎的上斜面，通常约4米以上
- 平台面：完全是机械堆建，人工修整成梯形，所有路面要求平整
  - 高度：通常约3米或以上
  - 长度：约5~15米以上
- 落地下斜面
  - 坡度：通常低于起跳坡度
  - 长度：通常大于起跳长度
- 起伏路：自然形成的凸凹不平，高低差大的起伏地形
  - 相近的形状、间距、高度的土堆，俗称"搓板路"
  - 不同的形状、间距、高度的土堆起伏路
  - 人工机械堆建成型的连排土堆

二、跳跃的方式

- 上下坡：绝大多数地形自然形成，极少数机械堆建。坡面长度、高度远大于土坎和平台，坡度约小于45°
- 单跳：每次只跳一个土坎障碍，落平地面，近跳数米，远跳可达数十米
- 连跳：一次起跳飞跃两个或以上障碍后落地，称两连跳、三连跳等。需落在障碍的下斜面上，飞跃距离近者10米以内，远10米以上
- 组合跳：连续不间断的多次起跳，飞跃各不同组合的，单坎、平台、两个或以上的连跳等。成串飞跃的障碍可达近10个

附9 两轮摩托车场地越野运动跳跃技术动作要领（二）

坐姿

主要标识：双手握把位置高于车把两端水平线，双手臂适度外展，上体前倾弓背弯腰，臀部坐在适宜位置的坐垫上

用途：主要在弯道中选用，高手在跳跃障碍的起跳和落地时为衔接弯道障碍选用

优点：相对于蹲姿多出一个人与车的接触点，重心低，稳定性好，过障碍动作幅度小

缺点：运动范围小，动作调整受限

半蹲姿

主要标识：上体肢与坐姿相似，臀部略抬离坐垫，膝踝关节角度在接近于90°范围

用途：主要在凸凹高低差不大、起伏地形不多时选用。也可在短间距间的连跳，跳的起跳，空中或落地时采用，初学者慎用

优点：蹲姿低，重心低，动作幅度小

缺点：膝、踝关节角度在小于和大于90°范围运动，重心不稳定，需双手经常费力地紧握车把维持平衡，消耗大而且快

蹲站姿

主要标识：处在半蹲与站立的中间状态。上体肢与坐姿相似，但须加大上体前倾度。踝关节角度约在120°以上

用途：在土坎、平台、上下坡等障碍的跳跃中选用、单跳、连跳、组合跳等的串联中应用

优点：肢体与关节伸展范围大，调整机动灵活，运用广泛，安全性保障强，可成为模式化的蹲姿

缺点：重心高，动作幅度大

三、跳跃的姿势

- 坐姿
- 蹲姿
  - 半蹲姿
  - 蹲站姿

附9 两轮摩托车场地越野运动跳跃技术动作要领（三）

四、跳跃的4个要素

跳跃姿式：基础性因素。达到模式化的姿势有5大服务性功能
- 在起跳时，能引导出现规范化的起始技术动作
- 为跳跃中掌握重心与平衡创造重要条件
- 落地后促进精良的衔接
- 减少体能的消耗
- 提供安全跳跃的基础性保障

跳跃速度

作用：跳跃的先决条件，跳到目标距离的首要保障

速度分类
- 跳跃障碍前的来速：或通过起跳障碍前的加速，是完成跳跃的基础速度
- 在起跳障碍的上斜面速度：完成跳跃的辅助速度，是速度度的"加油站"
- 跃离起跳障碍顶端的出跳加速：为达到跳跃的目标距离，跳出理想高度与弧度，成为飞跃障碍的补充速度

附9 两轮摩托车场地越野运动跳跃技术动作要领（四）

作用： 跳跃的基本因素，决定跳跃成败的根本条件

四、跳跃的4个要素——技术动作

起跳

上体

适度的弓背弯腰前倾，可控制提拉车把的行程，也利于调整上下体肢的平衡。适度的弓背弯腰前倾，连同适宜的握车把位，能轻松地提拉起前轮

前避震器形成水平线，能松松地提拉起前轮

双手握把位置：高于车把两端水平线，能迅捷地加大油门，在不改变驾姿形态下，有力地做出提拉车把动作

双手臂握车把角度：适度的腕、肘、肩等关节角度，给予双手握车把强大的支持力，与先行确定的双手握车把位置，共同作用下能做出有力的蹬踏蹬蹬，在稳定的腾站重心下起跳

下肢

双脚：赛靴中心部位踩踏蹬蹬蹬，能做出有力的蹬踏蹬蹬，能助力双脚，出现强有力的蹬踏腾弹起跳典型动作，达到理想的跃起高度及弧度

双膝：做出明显的屈膝后屈，共同作用下能屈伸膝关节伸展踝关节协调一致的理想的跃起高度及弧度

空中

升空：及时回油门，做出人体以重心向上为主，斜后方略移动为辅，提拉车把与伸展踝膝关节协调一致的起跳升空技术动作。其姿势与重心通过体位与双手臂适度舒展升空时人与车的平衡

制高点：当有一定飞行距离，升至最高点时车前后轮可处在一条水平线上。此时人与车达到最佳平衡，用双手能轻松脱把来检验

滑降：做出必要的双手臂前推车把，上体略后仰，促前轮后下，促前轮朝下，在落障碍下斜面之前，需调整到车与落地斜面相平行的准备技术动作

落地前：适时地加一把油门，提升发动机转速，在落地时前的加速顺利衔接

落地

姿势选择：视落地障碍及所连接障碍的种类与间距，可选择半腾或蹬站的姿势落地

落地方式：落平地，后轮稍先于前轮或同时落地；落障碍下斜面，前轮稍先于后轮或同时落地

落地动作：保持上体肢的驾驶形态，落地时通常需延续落地前的加速，同时做出下肢各关节角度的屈缩或伸展的技术动作，避免落地的反弹

附9 两轮摩托车场地越野运动跳跃技术动作要领（五）

四、跳跃技术的4个要素——重心

重心的作用
- 跳跃的核心技术，是综合技术的结晶
- 有稳定的重心，才敢于大胆地加速，勇敢地高速跳跃
- 精确的重心，是跳跃最可靠的安全保障

重心的特征
- 依托在驾驶姿势里，融合在技术动作的实施中
- 游离不定，难以捕捉，无法丈量

影响重心的因素
- 跳跃障碍：因障碍种类的相异，各障碍的高低、长短、角度、路面等不同，跳跃中人与车的重心不一
- 驾驶姿式：在运动中姿势转换或变动时，重心随之有上下左右前后的变化。在坐姿与蹲站姿的转换中，上下重心变化突出
- 技术动作：运动中在实施障碍动作的力度、幅度、角度等改变时，重心随之发生变化
- 加减速度：一场比赛，多圈通过数十个障碍时，有数百上千次的加减速。每一次的加减速，尤其是急促地加减速，可或大或小地干扰重心，共起促使车人与车的重心，维持稳定的平衡

重心的实现：它不是一个独立体，不能成为一个单独的重心。运动中当有模式化的驾驶支撑，可做出规范化的技术动作，就能保持人与车的重心

注：1. 以上只是简化的规范化动作要领。
2. 了解更多的内容，可参考《两轮摩托车场地越野的跳跃技术》一文。

附10 两轮摩托车场地越野运动的衔接技术（一）

一、衔接的概念
- 范围：从上一障碍结束阶段的收尾技术动作，过渡到下一障碍开始阶段技术动作的中间过程
- 衔接：障碍与障碍之间的连接，是通过独特的非障碍性的衔接技术来完成的
- 衔接技术：是一项融合了上一障碍的收尾动作与下一障碍开始动作的复合性技术

二、衔接技术的特点
- 衔接的无规范性：衔接没有统一的技术动作要领，它区别于不同种类和同种类障碍，有各自规范的技术动作要领
- 衔接的频繁性：每两个障碍之间就有一次的衔接，远多于不同种类障碍，各自障碍通过的次数
- 衔接内容的广泛性：涵盖驾驶姿式、技术动作、重心、障碍之间的路线连接等
- 衔接动作的叠加性：几乎所有的衔接动作要在同时、同步、协调、迅速中一次性完成
- 衔接技术的全方位性有
  - 人与车接触的支撑点增减
  - 人与车接触点的位置上下、左右、前后的变化
  - 人体在车上下、左右、前后的体肢或体位移动
  - 上下体肢的各关节角度、不同幅度的伸展与收缩
  - 人与车、人车与路面质地、地形障碍，在运动中上下、左右、前后的重心变动与平衡

三、衔接的任务
- 为即将通过的下一障碍开始阶段，从驾驶姿势、技术动作、重心等做好全面准备
- 从障碍的起始阶段，为能够出现规范化的技术动作奠定充分的基础，并能最大程度发挥下一障碍的通过技术
- 为进入下一障碍时，能尽早启动油门，尽快加速创造有利条件

附10 两轮摩托车场地越野运动的衔接技术（二）

四、衔接的内容

驾驶姿势的转换
- 坐与蹲站姿无转换时，通过不同种类障碍，各自的整体驾驶形态都是相近的。它为通过障碍的起始阶段，提供规范化的技术动作创造条件
- 坐与蹲站姿相互转换时，通过不同种类障碍，其上体肢的驾驶形态是相近的。它为通过障碍的起始阶段，上体肢出现规范化的技术动作提供条件

技术动作的转变
- 坐与蹲站姿相互转换的技术动作衔接
  - 人与车触点的增与减：由坐姿的5个支撑点与蹲姿的4个支撑点相互转换
  - 上体：前倾屈度有小幅度的调整
    - 上体形态基本不变
  - 上体肢：双手握车把位置随驾驶姿转换上下相互移动，但始终高于车把的两端
    - 双手臂关节角度小幅自然伸展与收缩
    - 其动作不是改变而是延续性的变动
  - 下体肢：
    - 臀部：转换为坐姿后，要延续上体弓背弯腰的前倾，形成与坐垫小于90°的夹角
    - 位置：坐姿时双脚赛靴挂钩在脚蹬踏的相互转变 由蹲站姿双脚赛靴挂钩踏脚蹬与
    - 关节角度：双膝相互由小锐角膝关节的屈缩，转变为大钝角的膝关节伸展 双脚相互由脚尖朝下，大钝角的踝关节，转变为双脚平踩脚蹬踝踝关节呈90°
    - 是根本性的改变
- 坐与蹲站姿不转换的技术动作衔接

附10 两轮摩托车场地越野运动的衔接技术（三）

四、衔接的内容

驾驶姿势的转换

技术动作的转变

- 坐与蹲站姿相互转换的技术动作衔接

  - 形态：上下体肢整体驾驶形态基本不变

    - 截然相反的身体左右倾斜方向

    - 技术动作

      同样须伸展左右转弯的内侧胸辅助腿平衡。随半径长短的差异，速度的高低不同，伸展力度的强弱、幅度的大小有变化

  - 坐姿：主要表现在左右转弯之间的衔接

- 坐与蹲站姿不转换的技术动作衔接

  - 蹲站姿：体现在土坎、平台起伏路、上下坡等可跳跃的障碍相互之间的衔接

    - 上下体肢整体驾驶形态基本不变

      - 体位有不同程度的前后移动，应尽量减少移动幅度

      - 双手握车把位置，上下略有调整

      - 腕、肘、肩、腰、膝、踝等关节角度，有限度的展缩

      - 其动作不是改变，而是延续性的调整

附10 两轮摩托车场地越野运动的衔接技术（四）

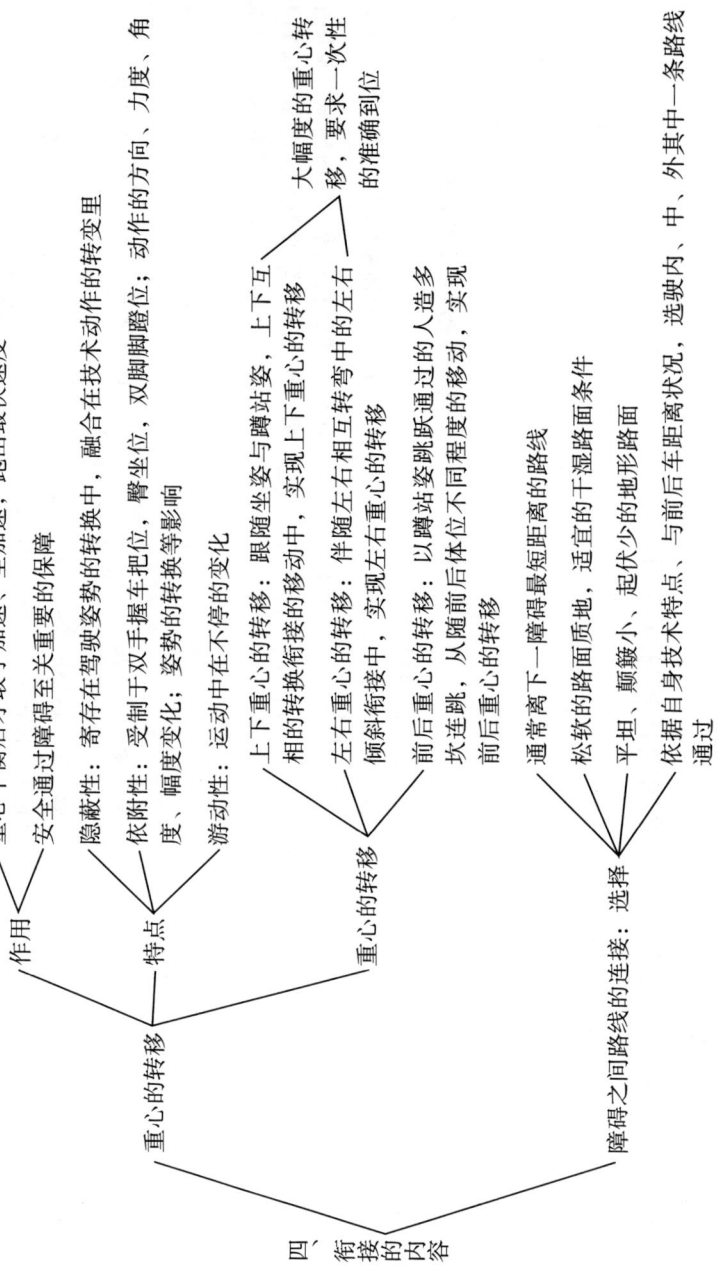

重心的转移

作用
├── 重心平衡后才敢于加速、全加速、跑出最快速度
└── 安全通过障碍至关重要的保障

特点
├── 隐蔽性：寄存在驾驶姿势的转换中、融合在术动作的转变里
├── 依附性：受制于双手握车把位、臀坐位、双脚脚蹬位；动作的方向、力度、角度、幅度变化；姿势的转换等影响
└── 游动性：运动中在不停的变化

重心的转移
├── 上下重心的转移：跟随坐姿与蹲站姿、上下互相的转换衔接移动中，实现上下重心的转移
├── 左右重心的转移：伴随左右相互转弯中的左右倾斜衔接移中，实现左右重心的转移
└── 前后重心的转移：以腾站姿跳跃通过的人造多坎连跳，从随前后体位不同程度的移动、实现前后重心的转移
    └── 大幅度的重心转移，要求一次性的准确到位

四、衔接的内容

障碍之间路线的连接：选择
├── 通常离下一障碍得最短距离的路线
├── 松软的路面质地，适宜的干湿路面条件
├── 平坦、颠簸小、起伏少的地形路面
└── 依据自身技术特点、与前后车距离状况、选驶内、中、外其中一条路线通过

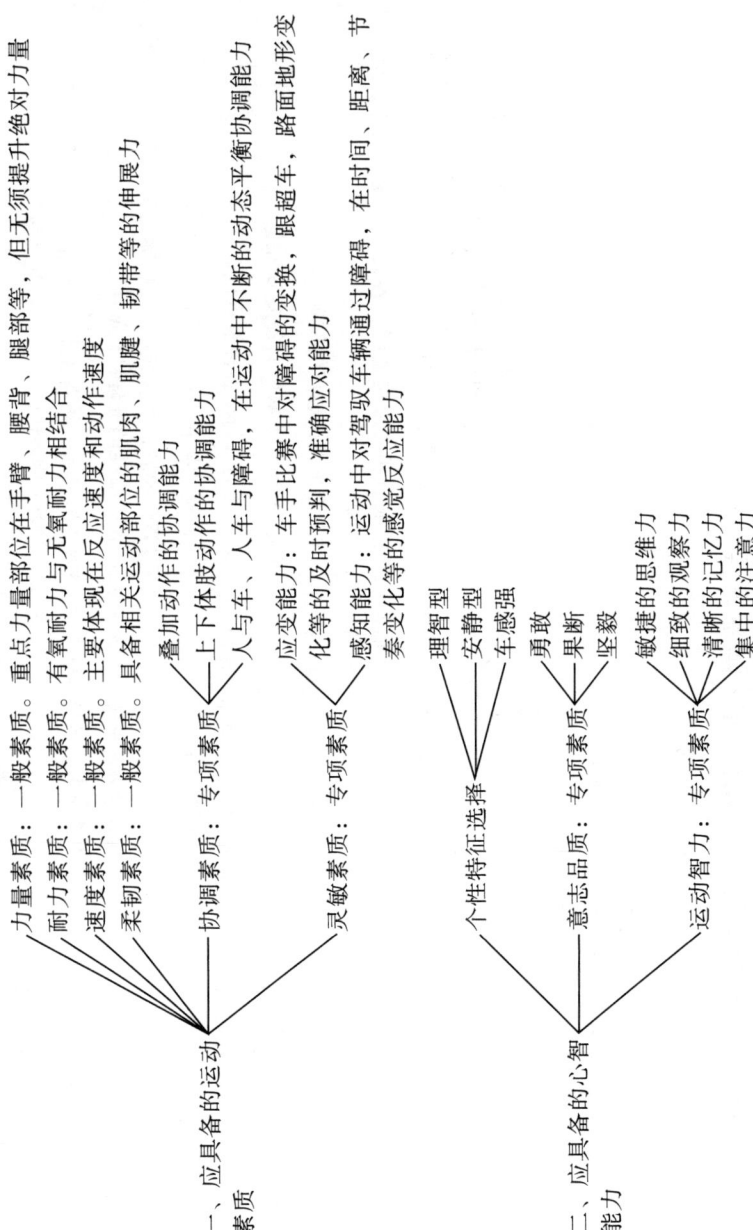

附11　两轮摩托车场地越野运动的身体素质及心智能力

一、应具备的运动素质

- 力量素质：一般素质。重点力量部位在手臂、腰背、腿部等，但无须提升绝对力量
- 耐力素质：一般素质。有氧耐力与无氧耐力相结合
- 速度素质：一般素质。主要体现在反应速度和动作速度
- 柔韧素质：一般素质。具备相关运动部位的肌肉、肌腱、韧带等的伸展力
- 协调素质：专项素质
  - 叠加动作的协调能力
  - 上下体肢动作的协调能力
- 灵敏素质：专项素质
  - 人与车、人车与障碍，在运动中不断的动态平衡协调能力
  - 应变能力：车手比赛中对障碍的变换、跟逼车、路面地形变化等的及时预判，准确应对能力
  - 感知能力：运动中对驾驭车辆通过障碍，在时间、距离、节奏变化等的感觉反应能力

二、应具备的心智能力

- 个性特征选择
  - 理智型
  - 安静型
  - 车感强
- 意志品质：专项素质
  - 勇敢
  - 果断
  - 坚毅
- 运动智力：专项素质
  - 敏捷的思维力
  - 细致的观察力
  - 清晰的记忆力
  - 集中的注意力

247

附12 两轮摩托车场地越野运动的训练体系纲要（一）

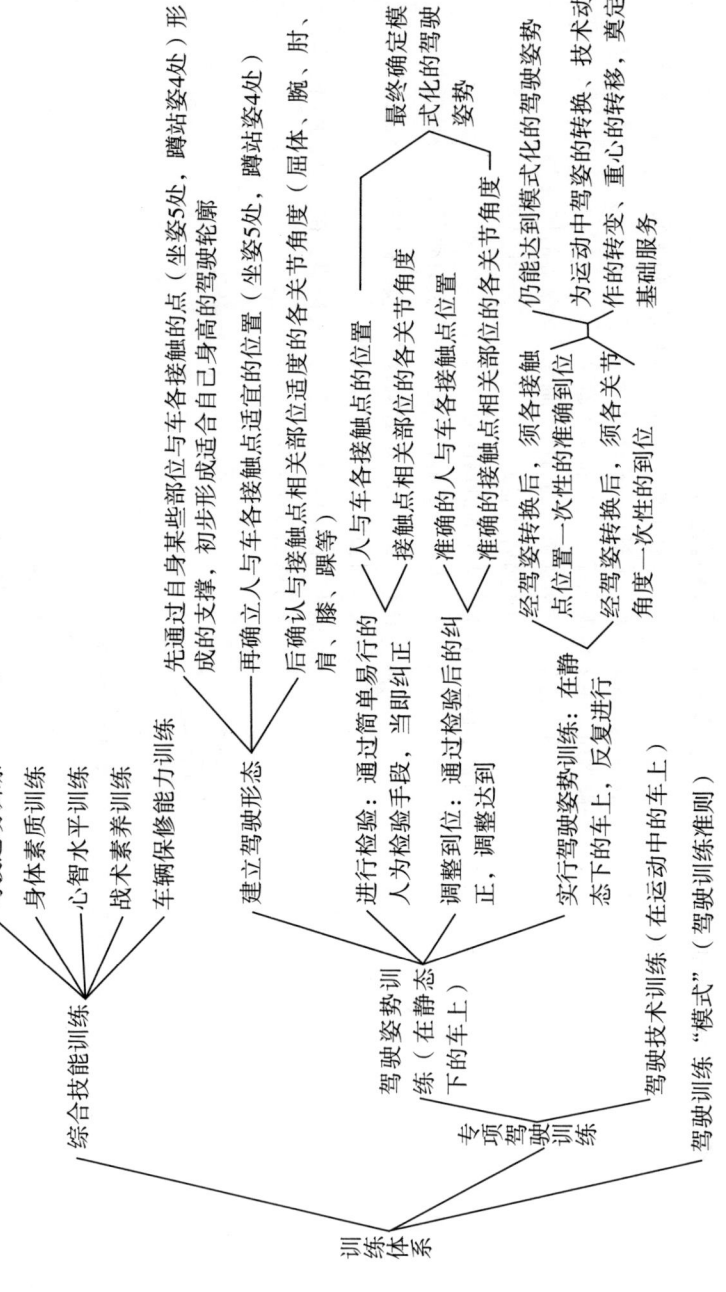

综合技能训练
- 驾驶运动训练
- 身体素质训练
- 心智水平训练
- 战术素养训练
- 车辆保修能力训练

专项驾驶训练

驾驶姿势训练（在静态下的车上）
- 建立驾驶形态
  - 先通过自身某些部位与车各接触的点（坐姿5处、蹲站姿4处）形成初步形成适合自己身高的驾驶轮廓
  - 再确立人与车各接触点适宜的位置（坐姿5处、蹲站姿4处）
  - 后确认与接触点相关部位适度的各关节角度（屈体、腕、肘、肩、腰、膝、踝等）
- 进行检验：通过简单易行的人为检验手段，当即纠正
  - 人与车各接触点的位置
  - 接触点相关部位的各关节角度
- 调整到位：通过检验后的纠正、调整达到
  - 准确的人与车各接触点位置
  - 准确的接触点相关部位的各关节角度
- 实行驾驶姿势训练：在静态下的车上，反复进行
  - 经驾姿转换后，须各接触点位置一次性的准确到位
  - 经驾姿转换后，须关关节角度一次性的到位
  - 最终确定模式化的驾驶姿势，仍能达到模式化的驾驶姿势
  - 为运动中驾姿的转变、重心的转移，奠定基础服务

驾驶技术训练（在运动中的车上）（驾驶训练准则）

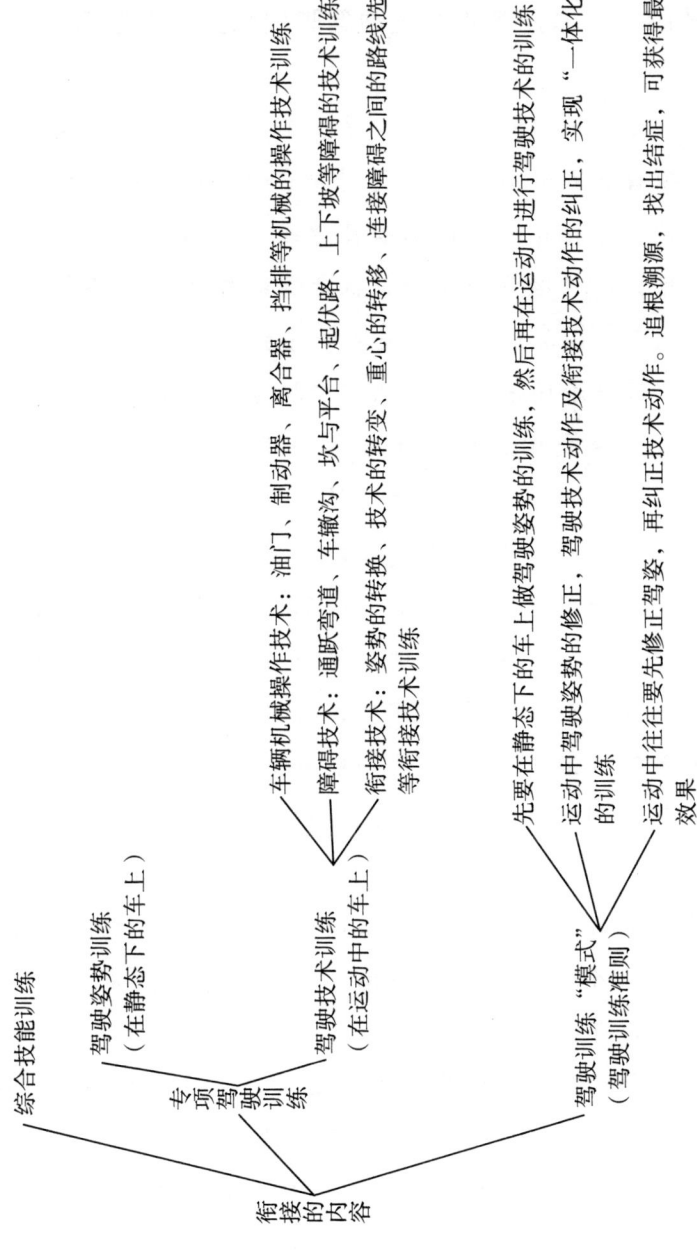

附12　两轮摩托车场地越野运动的训练体系纲要（二）

综合技能训练

专项驾驶训练
- 驾驶姿势训练（在静态下的车上）
- 驾驶技术训练（在运动中的车上）
  - 车辆机械操作技术：油门、制动器、离合器、挡排等机械的操作技术训练
  - 障碍技术：通跃弯道、车辙沟、坎与平台、起伏路、上下坡等障碍的技术训练
  - 衔接技术：姿势的转换、技术的转换、重心的转移、连续障碍之间的路线选择等衔接技术训练

衔接的内容

驾驶训练"模式"（驾驶训练准则）
- 先要在静态下的车上做驾驶姿势的训练，然后再在运动中进行驾驶技术的训练
- 运动中驾驶姿势的修正，驾驶技术动作及衔接技术动作的纠正，实现"一体化"的训练
- 运动中往往主要先修正驾姿，再纠正技术动作。追根溯源，找出结症，可获得最好效果

附13　《摩托车越野运动驾驶训练大纲》前言

　　自20世纪50年代初，摩托车越野运动作为我国军事体育项目正式开展以来，受到国家的重视和广大人民群众的喜爱。摩托车越野运动项目曾经是全国运动会的正式比赛项目，也曾经涌现出一批批优秀的摩托车运动员，并代表中国参加国际比赛，为国家争得了荣誉。

　　张君渝同志曾经是北京摩托车队主教练和国家集训队教练，是我国摩托车越野运动项目优秀教练员的代表之一，培养出多名优秀运动员。他经过多年的研究、探索和教学实践，积累了丰富的训练和比赛经验。他经过长时间不断的总结和提炼，编写了《摩托车越野运动驾驶训练大纲》。基于培训对象多为未受过体育专业教育、多数未达到大学文化程度，并是业余人员，本大纲改变了系统专业知识体系的一般模式，采取以摩托车越野运动驾驶训练为重点的方式，以提高车手的安全和成绩为目的，以车手的应知应会为基本内容，在知识性与实用性上进行了探索。该大纲简明扼要，图文并茂，操作性强，是各地方协会、俱乐部、车手进行摩托车越野运动训练的有益教材。

　　为了进一步规范摩托车越野运动的培训工作，满足基层单位的需求，中国摩托运动协会特向地方各级汽摩协会、俱乐部、车队、车手以及广大的摩托车运动爱好者推荐使用此教材。

摩托车越野运动的培训工作及其教材的编写是一项重要的工作，需要在实践中不断探索，逐步总结提高，请各地在使用中提出意见，以在今后的编写中不断修改完善。

中国摩托运动协会

2014年6月17日

附14 《摩托车越野运动驾驶训练大纲》自序

摩托车越野运动自20世纪50年代初开始在我国兴起后，虽几经沉浮，但时至今日仍在继续发展。运动车辆的使用，从五六十年代引进东欧国家为主的赛车和少量国产改装车及赛车，到70年代末进口了高性能的赛车。到本世纪，国外赛车在动力性、车架结构、避震系统及材料质地等方面，更多地注入了现代化科技含量，我国也自己生产并接近国外同种类的赛车性能。这是一次车辆的革命性变化，它促使越野地形障碍难度增加、障碍品种增多，同时它也带来了摩托车越野运动技术的深刻变革。

自70年代末至今，鲜见专业的摩托车越野技术动作的文章和文献出现。此次通过首次编写以驾驶训练为主的训练大纲，试图与从事摩托车越野运动的领导层、管理者、教练员、车手等人员，就本运动项目的概念、性质、特点、障碍分类和基本技术的确立及划分方面做一次探讨。从而达到促进运动训练有基本统一的认识，技术动作得到规范、打好基本功，并能科学、合理、实效地指导训练，为训练的安全和成绩的提高奠定坚实的基础，为我国的越野摩托运动发展进言献力的目的。

张君渝

2014年6月